ISBN: 9781314525380

Published by:
HardPress Publishing
8345 NW 66TH ST #2561
MIAMI FL 33166-2626

Email: info@hardpress.net
Web: http://www.hardpress.net

REVUE

DE

PHILOLOGIE FRANÇAISE

ET DE LITTÉRATURE

RECUEIL TRIMESTRIEL

PUBLIÉ PAR

Léon CLÉDAT

PROFESSEUR A L'UNIVERSITÉ DE LYON

C. JURET

ÉTUDE SUR LE PATOIS DE PIERRECOURT

PARIS (6e)

LIBRAIRIE H. CHAMPION, ÉDITEUR

5, QUAI MALAQUAIS, 5

—

(Tous droits réservés)

CONDITIONS D'ABONNEMENT

Paris : 15 fr. — Départements et Union postale : 16 fr.

N. B. — *Toute demande d'abonnement doit être accompagnée du montant en mandat-poste ou en chèque au nom de M. Honoré CHAMPION, 5, quai Malaquais.*

Adresser ce qui concerne la rédaction à M. CLÉDAT,
29, rue Molière, à Lyon.

SYSTÈME ORTHOGRAPHIQUE

DE LA *REVUE DE PHILOLOGIE FRANÇAISE*

a) Remplacer par *s* l'*x* valant *s*, sauf dans les noms propres.

b) Ne jamais redoubler l'*l* ni le *t* dans les verbes en *eler* et en *eter*.

c) Terminer toujours par un *t* la 3e personne du singulier à l'indicatif présent des verbes en *oir* et en *re*, et supprimer la consonne muette devant ce *t* et devant l's des deus premières personnes : *je m'assiés, il s'assiet* ; *je prens, il prent*, etc.

Pour l'alphabet phonétique de MM. Gillieron et Rousselot, dont se servent plusieurs de nos collaborateurs, voir la notice qui accompagne l'*Atlas linguistique.*

POUR PARAITRE DANS LES PROCHAINS FASCICULES

F. BALDENSPERGER : *Notes lexicologiques* (suite).

J. BASTIN : *Sur l'emploi de quelques verbes.*

Pierre CHAMPION : *Poésies inédites du manuscrit LIII de Stockholm.*

Antoine DÉRESSE : *Vocabulaire du patois de Villefranche-sur-Saône.*

J. DÉSORMAUX : *Mélanges savoisiens* (suite). — *L'argot des ramoneurs.*

J. GILLIÉRON, J. MONGIN et M. ROQUES : *Études de géographie linguistique* (suite).

A. GUÉRINOT : *Le parler de Messon (Aube).*

Édouard HRKAL : *Grammaire historique du patois de Démuin.*

J.-P. JACOBSEN : *La comédie en France au moyen-âge*, suite.

F. STROWSKI : *Sur la constitution d'un texte critique des Essais de Montaigne.*

L. VIGNON : *Les patois de la région lyonnaise* (suite).

L. VUILLARD : *De l'analogie dans la langue de Corneille.*

Etc.

ÉTUDE
PHONÉTIQUE ET GÉOGRAPHIQUE

SUR LA PRONONCIATION

DU PATOIS DE PIERRECOURT

(HAUTE-SAÔNE)

———

Cette étude a pour objet de décrire la prononciation du patois de Pierrecourt, mon pays natal, et de la comparer à celle des patois voisins.

Pierrecourt, situé à 7 kilomètres de Champlitte, arrondissement de Gray (Haute-Saône), n'a plus que 320 habitants environ, tandis qu'il y a soissante ans il en avait plus de 700.

Les autres localités étudiées sont :

a) dans le départ. de la Haute-Saône :

1° Champlitte, chef-lieu de canton, 2.000 habitants ;
2° Champlitte-la-Ville, 140 hab. ;
3° Leffond, 430 hab. ;
4° Montarlot, 260 hab. ;
5° Margilley, 250 hab. ;
6° Argillières, 220 hab. ;
7° Larret, 150 hab. ;
8° Fouvent-le-Bas, 240 hab. ;
9° Fouvent-le-Haut, 270 hab. ;
10° Courtesoult, 200 hab. ;
11° Roche, 370 hab. ;

12° Tincey, 160 hab. ; — Roche et Tincey sont du canton de Dampierre.

b) dans le département de la Haute-Marne :

13° Frettes, environ 200 hab. ;

14° Gilley, environ 200 hab.

Comme tous les villages s'occupent presque exclusivement d'agriculture, la population est généralement sédentaire et tent à diminuer partout, même à Champlitte. Les relations entre les divers villages, sauf avec Champlitte, sont relativement rares ; il n'y a ni commerce ni industrie importante. Chaque village forme un groupe compact de maisons qui le plus souvent se touchent. C'est sans doute ce fait et l'exiguïté des localités, qui expliquent l'homogénéité de la prononciation dans chaque patois. A Pierrecourt, en particulier, j'ai bien rencontré un certain nombre de différences dans le vocabulaire ; mais dans la prononciation des « gens du pays » je n'ai réussi à découvrir aucune variété notable, sauf des particularités individuelles, comme il en existe partout.

J'ai étudié avec le plus de soin la prononciation de Pierrecourt, qui m'est encore familière ; c'est pourquoi la première partie de cette étude se rapporte seulement à ce patois. Les indications de cette partie aideront sans doute à l'intelligence des signes employés dans l'autre.

Dans tous les villages étudiés le patois est encore très généralement parlé, sauf par les enfants. A Champlitte, il est au contraire difficile de rencontrer, sauf parmi les personnes ayant dépassé la quarantaine, des sujets possédant vraiment le patois. Beaucoup de jeunes gens, et quelquefois d'autres aussi, prétendent le savoir, qui sont incapables de dire une phrase correcte et qui fabriquent un patois bâtard à formes barbares. Quand on est du pays, il est relativement facile de reconnaitre ces faus-monnayeurs.

Les correspondances phonétiques étudiées dans la 2ᵉ partie ne peuvent être comprises qu'à la condition de connaître la situation géographique respective des patois étudiés. Nous allons esquisser cette situation.

Le village le plus avancé vers l'ouest est Leffond, le plus avancé vers l'est est Tincey. Une droite tracée de Leffond à Tincey passe à peu près par Montarlot (à 4 km. de Leffond), Pierrecourt (à 6 km. de Mont.), Larret (à 4 km. de Pierrec.), Roche (à 6 km. de Larret), Tincey (à 5 km. de Roche). Au sud de Montarlot se trouve Champlitte, à 7 km. de Leffond et à 3 km. 1 2 de Mont. ; à 1 km. à l'est de Champl. est Champlitte-la-Ville ; à 1 km. 1 2 à l'est de Ch.-l.-V. est Margilley, à 6 km. au sud de Pierrecourt ; — à 1 km. 1 2 au sud de Larret est Courtesoult. — A 4 km. au nord-ouest de Pierrecourt est Frettes ; à 4 km. au nord-est de Pierrec. est Argillières ; Gilley se trouve à 3 km. au nord-ouest d'Argillières ; Fouvent-le-Bas et Fouvent-le-Haut sont à 4 km. au nord-est de Larret.

PREMIÈRE PARTIE

DESCRIPTION DES SONS

CHAP. I. — LES ARTICULATIONS SIMPLES.

I. — Les voyelles.

1° Leur classification.

Elle peut être résumée dans le tableau ci-après.

Remarque. — Quand une voyelle n'est pas affectée du signe ⁻, elle est brève, sauf *ę̃* qui est long.

	Voy. fermée	moyenne	fermée	moyenne	ouverte	ouverte et creuse	mixte	Nombre
Série antérieure non labiale — orale	i	i	ẹ	e	ę̃	ẹ	ẹ	7
Série antérieure non labiale — nasale			ẽ	ẽ	ẽ			3
Série antérieure labiale — orale	ü	u	ö	œ	œ̈	œ̈	ä	7
Série antérieure labiale — nasale			ö̃	œ̃	œ̃			3
Série postérieure labiale — orale	u	u	ọ	o	ǫ	ǫ	ä	7
Série postérieure labiale — nasale			õ	õ	õ			3
Série médiane — orale				ä		ä		2
Série médiane — nasale				ã				1

Le patois de Pierrecourt a donc 33 voyelles nettement distinctes. Les signes employés pour les désigner sont ceus du *Précis de pron. fr.* et de l'*Atlas linguistique*. Il faut seulement noter que *ę̄, ǭ, ǭ, ā*, toujours longues, se distinguent des voyelles qui les précèdent dans le tableau surtout en ce que leur articulation exige qu'on écarte un peu plus les mâchoires et les lèvres et que la langue se creuse au milieu. La voyelle *a* ne se présente que dans une diphtongue, p. ex. *bā̆ü* (bouc); elle est intermédiaire entre *a* et *ā*.

Dans la série antérieure et postérieure les sons se correspondent systématiquement. A droite et à gauche des moyennes orales (*ẹ, a, ọ*) il y a chaque fois 3 articulations; de même chaque nasale moyenne est accompagnée de la nasale fermée et de la nasale ouverte correspondante. Chaque série a sa voyelle mixte et sa voyelle creuse; les trois séries ont le même nombre de voyelles orales et de voyelles nasales. La série médiane est à part, parce qu'elle ne contient que la voyelle neutre *ə* qui est pour ainsi dire la limite vers laquelle tendent les trois autres séries.

Comparé aus voyelles françaises, ce tableau montre que mon patois se distingue par l'abondance et la variété de ses nasales et de ses voyelles ouvertes : 9 nasales et 10 voyelles orales ouvertes (*ę̃, ę̃, ã, — ǟ, ǭ̈, ã̄, — ǫ, ǫ, a, — ā*). Le patois a toutes les voyelles ordinaires du français, sauf l'*œ* qui lui manque totalement et l'*a* auquel correspont à peu près *ā*. Ces différences sont bien senties par nos paysans; quand ceus-ci veulent imiter le parler parisien, ils se gardent bien de trop ouvrir la bouche et exagèrent en sens inverse; de même pour se moquer de leur propre prononciation ils exagèrent les *ā*, les *ä* et surtout les *å* qui correspondent ordinairement aus *a* du parisien dans les mots communs aus deus parlers.

Dans la conversation rapide les voyelles présentent parfois des timbres indécis, des nuances fugitives. Mais les sons caractéristiques, autour desquels oscillent ces nuances fugitives, sont bien ceus que nous avons notés.

2° *Description des voyelles.*

En général je m'abstiens de noter les détails d'articulation qui me paraissent les mêmes que dans les articulations françaises.

A. Position des lèvres.

a : la bouche est ouverte environ aus 4/5 ; l'ouverture est très peu arrondie, les commissures se rapprochent à peine et les lèvres ne s'avancent pas. — *ò* : ouverture à peine moindre, un peu plus arrondie : les commissures se rapprochent, tandis que la lèvre supérieure remonte légèrement. — *ọ, ọ̈* : ouverture comme pour *a*, mais arrondie comme pour *ò*.

a : ouverture complète et plus large que pour *a*.

a : même ouverture que pour *a*, mais encore un peu plus large.

ę : les commissures s'écartent très peu, ouverture comme pour *a*.

ė : les commissures comme pour *ę* ; ouverture complète, moins large.

ẹ : les commissures comme pour *ę* ; ouverture aus 4/5.

ė : les commissures comme pour *ę* ; ouverture aus 3/4.

i : les commissures s'écartent sensiblement plus que pour *i*.

ü, ü : ouverture sensiblement moindre que pour *u*, *u*.

Pour les voyelles nasales l'ouverture est toujours un peu moins grande et moins large que pour les voyelles orales correspondantes.

B. Position de la langue et des mâchoires.

Sur le point d'articulation de la langue, je ne peus four-
nir de mesures précises, mais seulement indiquer que pour
les voyelles qui n'existent pas en français il se trouve entre
les points d'articulation des voyelles françaises voisines :
ainsi ę, ä, ą̈, ä entre ě et à ; ǫ, à entre ǒ et à.

Comme en français les mâchoires sont sensiblement plus
rapprochées pour les nasales que pour les voyelles orales
correspondantes.

Au contraire elles sont plus écartées pour ä, ä, ę, ǫ, ą̈, à
que pour les voyelles les plus voisines à, ě, ǒ. — Pour ces
voyelles ä, ä. etc., l'écartement est sensiblement le même.

ä se distingue de a surtout en ce qu'il a un son plus
creus, qui vient surtout de ce que la cavité buccale est plus
considérable : tandis que les lèvres et les mâchoires s'ouvrent
davantage, la langue se creuse dans sa partie antérieure.
Même articulation pour ä, ä, ę, ǫ, ą̈ à des places variables
suivant que la voyelle est plus près de l'ě ou de l'ǒ.

C. Articulations de la langue contre le palais.

J'ai fait cette étude sur moi-même au moyen du palais
artificiel. Je commence par les voyelles plus aiguës.

I⁰ — i et u.

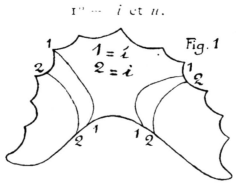

Fig. 1. — 1 = i (fermé) : pi (pie). — 2 = i (moyen) :
pip (pipe).

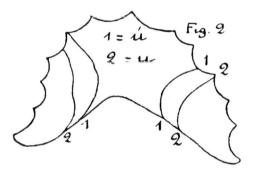

Fig. 2.   1 = *ü* : *pü* (puce). — 2 = *u* : *bup*.

La différence caractéristique des deux articulations, c'est que le passage de l'air est beaucoup plus étroit pour *i* que pour *u*. Relativement aux articulations parisiennes correspondantes, il est moins étroit, du moins pour *i*.

2° — *e* oral et nasal.

ẽ et *ě* se superposent à peu près. — *ẽ* est intermédiaire entre *ę* et *ã*. — *ě* correspont presque à *ę*.

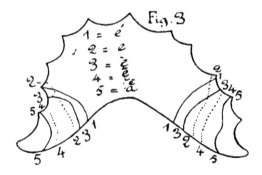

Fig. 3. — 1. = *é* : *bé* (beau), *vé* (veau), *pé* (peau). — 2. *é* : *ép* (dans *năp* = nappe). — 3. = *ě* (*ě̃*) : *pě̃* (pais), *vě̃* (ver). — 4. = *ę* : *bęv* (bave). — 5. = *ã* : *pã* (pis de vache).

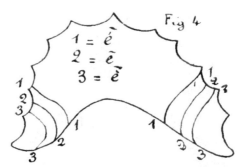

Fig. 4. — 1. = $\tilde{e}$: $v\tilde{e}$ (vin). — 2. = $\tilde{e}$ $r\tilde{e}m$ (rame). — 3. = $\tilde{e}$: $p\tilde{e}$ (pain).

3° — a oral et nasal.

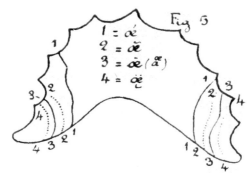

Fig. 5. — 1. = $\hat{e}$ ($\hat{a}$) : $b\hat{e}$ (bœuf), $p\hat{e}$ (vilain). — 2. = $\hat{e}$: $b\hat{e}f$ (il boude). — 3. = $\hat{e}$ ($\hat{a}$) : $m\hat{e}b$; $p\hat{e}t\hat{e}t\hat{e}$ (peur). — 4. = $\hat{e}$: $tr\hat{e}v$ (trouve).

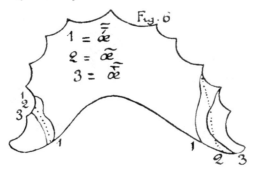

Fig. 6. — 1. = $\tilde{\hat{e}}$: $n\tilde{\hat{e}}$ (personne). — 2. = $\tilde{\hat{e}}$: $r\tilde{\hat{e}}m$ (rhume). — 3. = $\tilde{\hat{e}}$: $\tilde{\hat{e}}b$ (humble).

ả est intermédiaire entre ả et ả. — ả correspont presque
à ả, et ả à ả. — Comme pour u, le passage de l'air est
bien plus étroit qu'en parisien.

1° — o oral et nasal.

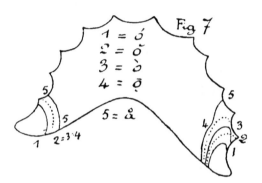

Fig. 7. — 1. = ỏ : bỏ (bois). — 2. = ỏ : bop. — 3. = ỏ
(ỏ) mỏd (morde). — 4. = ỏʋ : bỏʋ (boive). — 5. = ả :
pả̃m (pâme), pả (part).

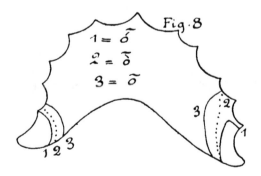

Fig. 8.   1.   ỏ̃ : bỏ̃ (bon). — 2. = ỏ̃ : pỏ̃r (pondre). —
3. = ỏ̃ : pỏ̃m (pomme).

ỏ̃ recouvre presque ỏ, — ỏ̃ presque ỏ.   o se trouve entre
ọ et ả.

5° — a(ā) et u.

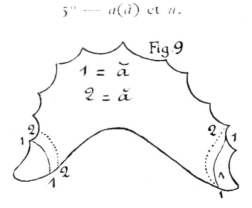

Fig. 9. — 1 = ā : *bān* (borgne). — 2 = ă : *păp* (pape); même tracé pour *ă* que pour *a* : *văb* (brandit).

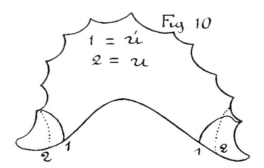

Fig. 10. — 1 = ū (*ū*) : *mū* (moue), *bū* (bout). — 2. = u : *büf* (il bouffe).

Entre les longues et les brèves correspondantes la différence n'est jamais considérable. Elle se réduit toujours à ces deus faits que l'articulation des longues est plus nette, parce qu'elle est plus énergique, et que l'ouverture est un peu moins large.

II. — Les Consonnes.

1. — Les semi-voyelles.

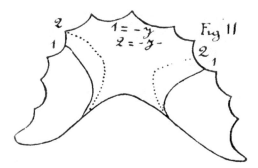

Fig. 11. — 1. = y à la pause : *pay* (il paie). — 2.   y à l'intérieur du mot : *pyâ* (plaie), *boya* (benêt).

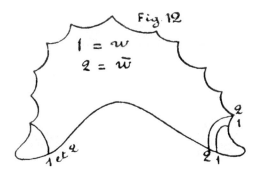

Fig. 12. — 1.   w. *bwe* (crapaud). — 2.   wiw : *dawe* (dé à coudre).

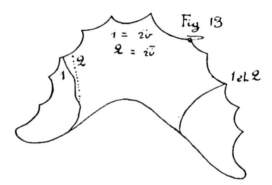

Fig. 13. — 1 = *ü̈* : *bä̈ü̈* (bouc). — 2 = *ü̈ ü̈* : *pä̈ü̈ü̈*.

Rem. — *ü̈ ü̈* est la longue de *ü̈* ; *w w* la longue de *w*.

Sauf pour *y* la différence entre les longues et les brèves est sensible. — La semi-voyelle *y* est beaucoup plus aiguë entre voyelles et après consonne qu'à la finale ; les autres, *w* et *ü̈*, ne se trouvent jamais entre voyelles. — A la finale après voyelle l'*ü̈*, de même que l'*y*, est bien moins aigu que la voyelle correspondante. Même différence, quoique moindre, entre *w* et *u*. Pour *ü̈* et *w* l'ouverture des lèvres est bien moins arrondie que pour *u* et *u*.

Le patois n'a pas d'autre semi-voyelles. Jamais *l*, *m*, *n*, *r* ne sont employés ainsi.

2. — *Les vibrantes*.

L'*r* est linguale et modérément roulée. Par suite d'un défaut, qui se retrouvait en partie chez ma sœur, je n'ai jamais pu la prononcer. C'est pourquoi je n'en donnerai pas le tracé.

L'*l* ne s'articule pas entre les dents, comme en parisien, mais selon le tracé suivant qui correspond à ma prononciation, laquelle ici me semble identique à celle des autres patoisants.

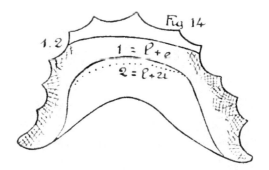

Fig. 14. — 1 = *l* devant voyelle antérieure. — 2 = *l* devant *u*.

L'*l* devant *o* et *u* donne un tracé un peu plus large; *l* double ne diffère pas sensiblement de *l* simple. L'*l* mouillée est devenue *y* depuis très longtemps et n'est plus connue.

3. — Les spirantes.

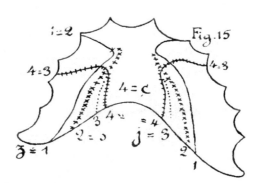

Fig. 15. — 1 = *z* : *zaza* (sobriquet). — 2 = *s* : *sè* (ça). — 3 = *j*. — 4 = *c* : *câté* (chanteau).

Pour *s* et *z* l'ouverture est beaucoup moins large qu'en parisien et le tracé en ressemble à celui de *j* et de *c* en parisien.

4. — *Les occlusives.*

Les labiales *b*, *p* se prononcent comme en parisien ; les gutturales *k*, *g* aussi, sauf qu'elles ne sont jamais mouillées devant une voyelle *i*, *u*, etc. — Elles ne sont jamais non plus vélarisées par le voisinage d'un *u*.

Les dentales, comme dans l'Est, s'articulent entre les dents avec la pointe de la langue. Devant un *y* elles sont palatalisées ou mouillées ; cf. les tracés suivants :

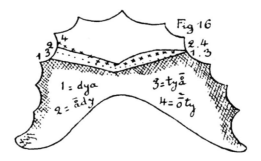

Fig. 16. — 1 = *dy* dans *dya*. — 2 = *dy* dans *ãdy* (aide). — 3 = *ty* dans *tyã* (qui est-ce...). — 4 = *ty* dans *õty*.

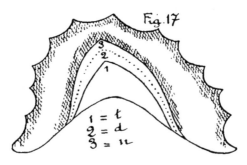

Fig. 17. — 1 = *t* dans *tœ* (te). — 2 = *d* dans *dœ* (de). — 3 = *n* dans *nœ* (ne).

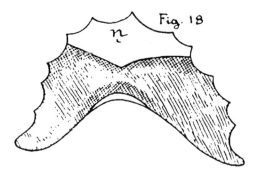

Fig. 18.

Fig. 18. — Elle représente *ŋ* guttural devant n'importe quelle voyelle.

D'après ces tracés, *dy*, *ty*, *ŋ* ne sont pas *d* (*t*, *n*) + *y*, mais s'articulent dans la région de la palatale *y* très en arrière des dents. Ce mouvement de recul est un peu moins accentué quand *dy*, *ty*, *ŋ* sont à la finale du mot. — L'*ŋ* dental, signalé en parisien comme exceptionnel, ne parait pas se rencontrer. — *ty*, *dy* existent aussi devant consonne dans le même mot : *potyraw*, et plus souvent à la fin d'un mot devant consonne : *på frödydu tü* : pas froide du tout.

CHAP. II. — GROUPES D'ARTICULATIONS.

I. — Groupes de voyelles et de semi-voyelles.

1. — *Diphtongues.*

Les trois semi-voyelles, *y*, *w*, *ü*, peuvent, soit dans le même mot, soit dans le cours de la phrase, se trouver immédiatement devant n'importe laquelle des 33 voyelles ; d'où 3 × 33 = 99 diphtongues ascendantes : *yí*, *yi*, *wí*, *wi*, etc. — Si la voyelle précède, le nombre des diphtongues usuelles est bien plus restreint : *y* peut se trouver après toute voyelle

orale moyenne et mixte : *iy*, *ĕy*, *áy*, *ay*, *ăy*, *oy*, — *uy*, *ăy*, *uy* ;
après *ŭ*, *ò*, *é* : *ĕy*, *òy*, *ŭy*, qui tous trois sont rares, sauf à la
pause. — *w* forme seulement *aw*, *ăw*, *ow*, dont les voyelles
appartiennent, comme *w*, à la série postérieure. — *w̆* a
seulement *ăw̆*, *ăw̆*, *aw̆* dont les voyelles, comme l'*w̆*, appartiennent à la série antérieure. — Les semi-voyelles peuvent
être longues ou brèves.

Total des diphtongues : $99 + 12 + 3 + 3 = 117$. Les
voyelles nasales ne sont jamais placées devant *y*, *w*, *w̆*. —
Un *i* formant syllabe et précédant une voyelle dans le
même mot développe toujours un *y* qui fait diphtongue
avec lui et avec la voyelle suivante : *kriyé* (crier), *kétriyĕm*
(quatrième), *priyé* (prier), *iyé* (hier).

2. — *Triphtongues.*

Il y en a dis en tout, de trois espèces différentes :

a) la voyelle précède : *ăw̆y*, *ăw̆y*, *aw̆y*, *awy* ; cette dernière
est rare et se trouve par exemple dans l'exclamation d'étonnement *awwy* !

b) la voyelle est au milieu : *wăw* (*rwăwwl*, rotable), —
yaw (*ryawt*, rouet), — *yoy* (*pyoy*, plie), *yăw̆* (*pyăw̆*, il pleut),
yăy (*pyăy*, il piaille).

c) la voyelle suit les deus semi-voyelles : *yw̆é* dans *tyw̆é*,
mais ce dernier son serait plus tôt une diphtongue, car *ty*
est un *t* palatalisé et non *t + y*.

Quand une de ces triphtongues se termine en *y*, cet *y*
est à la pause suivi d'un très bref *ĕ*, de sorte qu'en ce cas
on pourrait parler de syllabe à 4 éléments vocaliques.

II. Groupes de voyelles et de consonnes.

1.   *Voyelle + v, r, l (quelquefois avec sonore,
b, d, etc.).*

La voyelle est longue et presque toujours ouverte ; *i*, *u*,
et *u* sont moyens :

i : *grīv*, *vīvr*, *bīl*, *sīr* (cire) ;

u : *jūl*, *sūr*, *frodyūr* (froidure), *kūv* ;

ẹ : *rẹ̄v* (rêve), *vẹ̄r* (verre), *tẹ̄r*, *gẹ̄r* (guerre) ;

ę : *rę̄v* (rave), *fę̄v*, *g rę̄v* (jambe), *bę̄v* (bave), *sę̄v* (sève et
sache), *cę̄vr*, *bę̄l*, *syę̄l* (ciel), *byę̄r*, *pę̄r*, *mę̄r*, *ʃamę̄r*, *ę̄r* (chère).

ā : *kāv*, *esklāv*, *skādál*, *dyál* (diable), *kār* (quart), *mwál*.

ǭ : *trǭv*, *flǭv*, *gǭl* (gueule), *ǭr* (heure), *ǭvr* (il ouvre).

ọ : *bọ̄v* (qu'il boive), *dọ̄v* (doive), *pọ̄r* (poire), *bọ̄l*, *tọ̄l*
(toile), *ọ̄r*, *kọ̄rb* (courbe). — *ā* : *pwāvr* (poivre).

ẅ̄ : *ẹ̆kẅ̄l* (école), *sắẅ̄l* (fatiguée), *kẅ̄ẅ̄r* (coudre et
cuire), *kẅ̄ẅ̄v* (couve).

āw : *ẹ̆pāwl*, *rwāwl* (rotabulum). — *aw* : *sawwv* (sauve),
sawwl (il sale), *myawwl* (miaule).

ẅ̄w : *mẅ̄wl* (molle), *bẅ̄wl* (boule).

Jamais une diphtongue en -*y* n'est suivie d'une consonne
dans le même mot.

Quant au timbre il y a quelques exceptions qui peuvent
s'expliquer par les différences étymologiques ou par l'analogie ; la voyelle est toujours longue. *pọ̄l* (le poêle), *mọ̄l*
(mêle), *brẹ̄l* (brûle), *nẅ̄v* (neuve), *ẹ̄vr* (chanvre à filer),
kulẹ̄vr, *lyẹ̄vr* (lièvre).

2. — *Voyelle + occlusive sonore (ou j, z).*

La voyelle est longue, mais les voyelles creuses (*ọ̄*, *ẹ*, *ā*, *á*) manquent. *i, u, u, œ* sont fermés, les autres voyelles sont ouvertes ; *a* est moyen.

fíg (figue), *líbr, líj, bíẓ*.

ètňdy, jňj, rňẓ.

dûby (double), *dûẓ.* — *kráẓ, ĕkáẓ* (accuse), *áẓ* (use).

mǒd (morde), *ĕrlǒj* (horloge), *nǒj* (neige).

bäg, — *ǎj* (âge), - - *kurǎj* (courage), *slíẓ* (cerise). — *brěẓ* (braise), *sěẓ* (seize).

Les diphtongues ont la semi-voyelle longue :

rawweb (robe), *gawwèj* (mouille les pieds), *kawwuẓ* (cause). *ĕwäwèdy* (aveugle), *m.ïwäd* (mode), *säwäg* (qu'il suive), *pyáwäj* (pluie).

Exceptions :

rǒẓ, mot emprunté. L'ancienne forme était *ráwäẓ,* maintenant suranné. — *pǒẓ* (pause). — *dǒẓ* (dose). — *prǒẓ* (prose). Tous semblent mots d'emprunt.

3. — *Voyelle + occlusive sourde* (ou s, f).

La voyelle est toujours brève, si la sourde qui la suit n'en était pas autrefois séparée par une *s* ; le timbre est régulièrement moyen.

brĭk, pĭp, bĭk (bique), *Swĭs* (Suisse), *swǐf*.

sŭkr, jŭp, pŭs (puce).

ěčĕt (achète), *pĕt* (patte), *trĕp* (trappe), *grĕp* (grappe), *dĕt* (dette), *bĕk, bĕtrœ, ečf, păyĕs* (bille à jouer), *mĕs*.

păt (vilaine), *săfyĕ* (souffler).

tăp, tyak (claque), *kărăf, krăs* (crasse).

kŏk (quoique), *vŏt* (votre).

ěkŭt, bŭty (morceau de drap pour raccommoder), *sŭp, rŭs*.

Dans les mots suivants la voyelle est longue et fermée parce qu'elle était suivie autrefois d'une *s* :

bêt (bête), *fêt* (fête), *tèt* (tête), *vêpr* (guêpe et vêpres), *ôt*
(ôte), *kôt* (côte), etc.

Le mot *pépé* (grand-père) appartient au langage des enfants.

Les sons mixtes *á*, *ã* ne se trouvent pas devant une occlusive sourde dans le même mot. — *ã* se rencontre seulement là où il était autrefois suivi d'une *s* : *pãt* (pâte), *tãt*
(tâte), *gãte* (gâte).

Les diphtongues et triphtongues sont brèves et tendent
à se simplifier, si la prononciation n'est pas très lente :

byœök au lieu de *byãök* (boucle), *epyœöt* (se dépêche), *e ž
bœök* (il se butte), *bœös* (bosse), *etœöf* (étoffe et étouffe).

kowp au lieu de *kãwp* (coupe), *myowp* au lieu de *myawp*,
towp ou *tãwp* (taupe), *nows* ou *nãws* (noces) *byows* ou *byãws*
(blette), *ãwt* (haute).

Exceptions : *awœtr* (autre), *sawœt* (il saute).

Les diphtongues en -*y* ne sont jamais suivies de sourde
dans le même mot.

ò apparaît devant *s* et *ɛ* : *ròs* (rosse), *ròɛ* (roche), *sòɛ*
(sèche), *tyòɛ* (cloche), seulement à la pause.

á, *ã* devant *s* et *ɛ* : *tás* (tas de foin, etc.), *vãɛ* (vache),
ãɛ (hache), etc. — *tãɛ* (tâche), *gãɛ* (gâche).

4. — *Voyelle (ou diphtongue) + groupe de consonnes.*

Une consonne double a la même influence qu'un groupe
sur la qualité et la durée de l'élément vocal. Si l'on parle
très lentement, cette influence se manifeste peu ; elle s'exerce
d'autant plus que le débit est plus rapide.

a) Les voyelles tendent à prendre un timbre aigu ou
moyen, et à s'abréger :

é : *le fét* (la fête), mais : *la fét da dmẽ* (la fête de demain).
ọ > o : *õn pọr*, mais : *õn por byows* (une poire blette).

ó > o : *j'evó* (j'avais), mais : *j ãn evo trô pri* (j'en avais trop pris).

è > *e* : *melèd* (malade), mais : *e n à pä meled du tú* (il n'est pas malade du tout).

ę̃ > *e* : *e ḥę̃v* (il bave), mais : *n bev dō pä* (ne bave donc pas !).

ǫ̃ > *a* : *e trǫ̃v* (il trouve), mais : *e n trav rã du tu* (il ne trouve rien du tout).

â > *a* : *ǝn kâv* (une cave), mais : *ǝn kav frĕε* (une cave fraiche).

ǣ > *a* : *el â pǣ* (il est vilain), mais : *l pa krepâv* (le vilain crapaud !).

b) De même les diphtongues s'abrègent et se simplifient encore plus que devant une occlusive sourde :

ãǖ > *ãǖ* > *a* : *jãǖ* (jeu), *ja d gãy*. — *kãǖ* (cou), *ka d pyé* (coup de pied). = *el epyãǖt* (il va vite en besogne), *el epyat trav* (trop). — *byãǖk* (boucle), *ǝn byak kâsĕ* (une boucle cassée). — Dans ces exemples et les exemples analogues *ãǖ* ou *aǖ* remplace *a*, si le débit est un peu lent. Cependant les mots suivants ont trois formes qui se trouvent toujours aus places indiquées, quel que soit le débit : tout = *tãǖ* à la pause, *tǣ* = (*tœ*) devant consonne *tǣt* (*tœt*) devant voyelle ; (*tãǖ*, toujours accentué, ne peut être employé ailleurs). peu = *pãǖ* à la pause, *pǣ* accentué, *pǎ* atone ; de même mieus = *mãǖ* à la pause, *mǣ* accentué, *mǎ* atone.

aṷ > *âṷ* > *oṷ* > *ô* : toutes ces nuances peuvent exister dans la même syllabe, suivant la rapidité du débit : *e kaṷp* (il coupe, prononcé très lentement), *kâṷp! koṷp! kôp lu !* (coupe-le !) ; *se n kôp pâ* (ça ne coupe pas). *ell â praṷp* (elle est propre), *prâṷp, proṷp, prop kmã tãǖ* (elle est propre comme tout). — Indépendamment du mouvement de la phrase, *trop* a trois formes qui dépendent uniquement de sa place : *traw* à la pause, *tró* accentué, *tro* atone.

Les groupes qui contiennent une longue : *ăẅÿ*, *ăẅ*, *aẅẅ*, s'abrègent aussi, mais jamais ne se réduisent à une voyelle : *făẅÿ* (feuille) > *făÿ*, *kăbăẅl* (ampoule aus doigts) > *kăbaẅl*, *prăẅẅ* > *praẅ* (pauvre), *aẅẅl* > *ăwl* ou *ŏwl* (aile).

Les diphtongues en -*y* ne sont suivies d'un groupe consonantique que dans le cours de la phrase :

áy > *éy* > *ey* > *éy* : *fáy* (fille), *ŏn fey prăẅp !* — L'adjectif « vieille » a deus formes : 2) *vắy*, quand il est prédicat ou substantif ; — 3) *vey* ou *véy*, quand il est attribut d'un sub- tantif : le *prăẅẅ vắy* (la pauvre vieille), *ell ă vắy* (elle est vieille), — *mais sta vey făn-lé* (cette vieille femme-là !).

óy > *oy* : *pyóy* (il plie) à la pause ; mais : *tu l pyoy traw !* *ăy* > *ăy* : *băy* (il bâille), *ă băy tro fŏ* (il bâille trop fort). Les autres diphtongues conservent leur timbre.

5. — *Consonne + voyelle ou diphtongue.*

Seules les labiales paraissent avoir une influence sur le timbre de la diphtongue suivante : *aẅ* > *ăẅ* ; *ăẅ* > *ăẅ*. Ces diphtongues ont au contraire le son le plus pur, quand elles sont placées après une pause ou après un *y*.

6. — *Voyelle, consonne ou diphtongue devant une pause.*

Lors même qu'elle n'est pas accentuée, une voyelle a toujours sa durée normale et son timbre le plus caractérisé :

vlc byŏ du pŭsaẅ (voilà bien de la poussière).

ell ŏ păẅẅ (elle a peur). — *dă pŏ* (des pois). — *dă pŭy* (des pous). — Ici *dă* reste long à cause de l'accent. Le pluriel ne diffère pas du singulier : *dó* (doigt et doigts), *fáy* (fille et filles), *ǎœ̃œ̈y* (œil et yeus).

Le féminin ne diffère du masculin que par l'allongement de la voyelle : *ǎmè* (aimé), *ǎmè̆* (aimée), — *fini, finí,* — *todú, todú̄* (tordu, tordue).

En cette position les dipht. en -*y* sont suivies d'un *œ* très bref : *srǒyœ* (soleil). De même les sonores et -*dy*, -*ty* : *rtǎdœ* (retarde), *bȟzœ, frǒdyœ* (froide), *jǎtityœ* (gentille).

7. — *Voyelle finale de mot + voyelle initiale.*

La seconde voyelle conserve toujours son individualité, mais la première peut changer : si celle-ci n'est pas accentuée du tout et si elle n'est séparée de l'autre par aucune pause, même légère, elle se lie à elle et devient à peu près premier élément de diphtongue, ou il se produit après elle une semi-voyelle correspondante qui fait la liaison.

si to finy ǎn œvrǎ̧j (si tôt fini un ouvrage). Toujours dans les mots atones : *bǎy ly ǎ !* (donne-lui-en !)

ty ě vǎdü̆ ǒ jü̈if ? (tu as vendu au juif?)

ě bǔ̆ ě vǎdrœ (un bœuf à vendre), presque : *bü̈.*

kriyě̆ (crier), mais *kriyě̆ o lú.* Timbre moyen parce que formant diphtongue.

— *vǒ* (voire) : *rgadě̆ vo ě pǎü̈ !* (regardez voire un peu !) — Même remarque.

tú (tour) : *ě tu ȩ̌ jví* (un tour à jouer). — Toujours dans un mot atone : *vǎ kü̆u ě̆t dǒ* (où est-ce que vous êtes donc ?)

Dans la même position la semi-voyelle finale des diphtongues fait la liaison entre les deus voyelles qui l'avoisinent. Cette liaison des voyelles font les articulations les unes dans les autres, élimine les hiatus et donne à la prononciation une mollesse caractéristique.

8. — *Consonne de liaison.*

Nous appelons ainsi une consonne finale qui tombe dans le mot isolé ou à la pause et devant consonne, mais reparait devant voyelle.

α) *s* du pluriel. Seulement dans les pronoms (sauf les personnels), l'article et les possessifs qui toujours sont intimement unis avec le nom suivant sur lequel ils ne forment qu'un seul mot phonétique : *lå̗z ŏm* (les hommes), *då̗z ŏm* (des hommes), *tå̗z åfå* (tes enfants), *så̗z å̃n lĕ* (ces ânes-là). Le qualificatif n'a jamais d's : *lå ptĕt åfå* (les petits enfants). — Ils = *ĕl* devant voyelle ; les autres pron. person. ne changent pas.

β) Dans un adjectif la consonne qui se ferait entendre aussi au féminin même devant consonne : *ĕ ptĕt ŏm* (un petit homme), *lå pĕ̀t åfå* (les vilains enfants). — Les voyelles nasales ne se dénasalisent pas : *mŏn åfå* ; de même à l'intérieur d'un mot : *bŏnĕ̀r, jånazĕ* (Jeannot).

γ) La consonne finale des noms de nombre : *nĕ̆v åfå* ; jamais : *nĕ̆f åfå* ; mais : *ĕl etĕ̄ nĕf e tåb* (ils étaient neuf à table), et partout où il est fortement accentué. — *ĕ gasŏ̃* (un garçon), *ĕ̃n ŏm* (un homme).

δ) Enclitiques ou proclitiques : *j'ăn ĕ* (j'en ai), *ŏn åtå* (on entent), — *kurŏ̗z y* (courons-y), — *vyĕrĕ t å?* (viendra-t-il ?), — *travay-t-å?* (travaille-t-il ?), — *i vzŏ̃ t ĕ̆ bŏ̃* (y faisait-il bon ?)

ε) Prépositions : seulement « *dès* » dans des locutions très usuelles, comme *doz ŏlåzĕ* (dès aujourd'hui), et « avant-hier » = *edvåz yé*, seule locution où *edvå* se rencontre.

ζ) Conjonctions : seulement *quand* : *kåt ĕl vyĕ̄*.

Les autres parties du discours n'ont pas de consonne de liaison :

ϰ) Le substantif devant son qualificatif ou son régime : *dă εἄ ᾱzi e rebur̃e* (des champs aisés à labourer), — *dă εu o grᾱ* (des chous au gras) ; — *dᾱz ark ᾱ syĕl*.

β) Préposition devant son régime : *εe ᾱmyó* (chez Amiot), *pa ῒ εᾱ* (par un champ). *su ῒ tó* (sur un toit).

γ) Adverbe devant qualificatif ou autre : *brᾱmᾱ ᾱmé* (beaucoup aimé), *dœ mᴣᴇ̃ ᾱ mᴣᴇ̃, dœ pu ᾱ pu*.

δ) Verbes auxiliaires : *i sœ ῒ tᾱb* (je suis à table), *j ō ᾱvū* (nous avons eu), *ty ᾱlo ᾱr̃ᾱtᾱ* (tu étais éreinté), *fo ᾱkrῑr* (il faut écrire).

ε) Le verbe être devant le prédicat, les autres devant le régime : *s ᾱ ᾱn mᾱm εᾱᴣᴣᴇ̃z* (c'est une même chose) ; — *j ᾱmo e fᾱr* (j'aimais à faire), *rᾱbur̃e ῒ εᾱ* (labourer un champ).

ζ) Adjectif devant son régime : *pro e parti* (prêt à partir).

9. — *Consonnes doubles.*

Elles se produisent seulement dans le cours de la phrase. La rencontre de deus consonnes semblables produit une consonne longue comme en parisien. Le seul exemple où une consonne double appartienne à un seul et même mot est le pronom *elle* devant voyelle : *ᾱll ᾱ fōt* (elle est forte).

10. — *Groupes de deus consonnes.*

ϰ) Deus semi-voyelles : le groupe formé par consonne + *w* + *y* se trouve dans la phrase : *eskœ vᴣᴇ iy alᾱ?* (est-ce que vous y allez ?). Dans ce cas *y*, qui est régulièrement semi-voyelle devant voyelle, devient toujours *iy*.

β) Consonne + *m, n, y, ᴣ̈, ᴣ* : aucun changement.

γ) Cons. + *v* : la cons. ne change pas, et *v > f* très rarement dans une prononciation très rapide : *evᾱᴣ > efᾱᴣ* (cheval).

δ) Cons. + r : à la pause r reste toujours sonore et développe un ǝ très faible : *pedrǝ* (perdre), *vêprǝ* (guêpe).

ε) Cons. + l : à la pause après une sourde l devient sourd ; mais ne s'y trouve que dans des mots d'emprunt : *artikl, pœpl*.

ζ) Occlusives et sifflantes : αα) sourde + sonore. La sourde se sonorise presque toujours dans le même mot et aussi, sauf le cas d'un débit trop lent, régulièrement d'un mot à l'autre : *el fœʒõ* (elle faisait), mais : *e vʒõ* (il faisait), *pœʒõ > bʒõ* (peser), *ĕ z bɥük* (il se butte) ; — *tãb* (ou *tãp = tape*) *dõ* ; — *ĕn pœtĕd* (ou *pœtĕt = petite*) *dam*, — *ě sœʒ dõ* (ou *sœs dõ = il suce donc*). — ββ) sonore + sourde : la sonore s'assourdit dans les mêmes conditions : *vot vœsü*, mais : *lõ fsü* (fossoir) ; *ě jĕt* (il jète), mais *ĕtĕ* (jeter) ; — *sõn ãj* (ou *ãe = âge*) *trõp* ; *prãüü fãn* ou *prãüf fãn* (pauvre femme), *ĕn rawwb* (ou *rawp = robe*) *tĕt nĕv*, — *slãʒ* ou *slãs prãwp* (des cerises propres). En somme c'est la première consonne qui s'assimile à la seconde et jamais l'inverse, et cette assimilation est d'autant plus complète que la prononciation est plus rapide ; si le mouvement est modéré, l'assimilation peut n'affecter que la seconde partie de la première consonne.

L'assimilation du point d'articulation n'a lieu que dans quelques cas chez certains individus. Ainsi la femme Garnier disait souvent : *põn dœ lĕr*), ou même : *põn nœ lĕr* (id.).

L'ǝ muet ne devient jamais sonore, si le groupe de deus consonnes est placé entre voyelles : *dũrmã, eãtrĕ* (chanterions), *bũrlã* (bourrelier).

11. — *Groupes de trois consonnes.*

a) Le groupe reste si la 3ᵉ cons. est une r : *lœ rgrĕ* (regret), *lprĕ* (le pré), *ĕ z bĕt trawr* (ils se battent trop), *ĕn pĕt grŏs* (une vilaine grosse). *mĕlĕd œrtrœvĕ* (malade retrouvé).

b) Si les deus premières consonnes sont des vibrantes ou des nasales, un *œ* s'intercale après la 1re ou la 2e : *pusk e mal di*, ou : *è mlœ di* (puisqu'il me le dit) ; — *rœvnĕ vŏ!* (revenez voir !), ou plus rarement : *rœvnĕ vŏ* (en parisien : *rœvnĕ*), — *èl mœ vœ pœ̆* (ne veut pas).

c) La dernière cons. est *y* : *ry > œry* : *èn pœ̆tĕt œ̆ryœvl* (un petit rouet), *èn fŏy œ̆ryœl* (une fille riante) ; — les autres groupes ne prennent pas d'*œ* : *èn fŏy myœvl* (une fille muette), — *dœ̆ plĕt myœvl* (des petites miettes), — *me plĕt yĕs* (nièce), — *èn pœ̆tĕt lyœ̆* (lieue), *kœ̆ ldyāl* (= que le diable...).

d) Une consonne disparait. — Seulement dans les noms de nombre : *sœ̆ evœ̆v* (= 5 chevaus), — et dans les groupes -*dr*, -*tr* : *(tŏd(r) du fi* (tordre du fil), *vot kuzĕ*. — Si l'on n'unit pas les mots dans le débit, l'*r* reparait et s'appuie sur un *œ* : *tŏdrœ du fi*. — -*ty*, -*dy* devant occlusive est très réduit et ressemble parfois à un *y* : *frŏdy du tŏ* devient presque : *froy* ; mais *sœ̆vty rŏ* ne change pas.

e) Si la 1re cons. est *v̆*, *w*, pas de changement ; si elle est *y*, *r*, *l*, *m*, *n*, un *œ* s'intercale : *ĕ kœv t trŏ̆χ ā* (un coq de trois ans), *ĕ fœ̆v d pāy* (un feu de paille) ; — mais : *kŏn dœ torĕ* (corne de taureau), *ferŏn dœ lŏ̆* (farine de lin) ; *œ̆ley pœ̆tĕt* (est-elle petite !), *butŏy dœ vĕ*.

f) Si la 2e cons. est *l* ou *r*, un *œ* se développe devant elle : *bĕkĭy œrtrœvĕ* (béquille retrouvée). *pĕt œ̆rgĕrĭ* (patte guérie); — *è bĕt œl sāmdi* (ils battent le samedi). Jamais *rœt-*, *rœg-* ; mais souvent : *bet lœ sāmdi*.

g) Autres cas : *st ārkœ lŏ̆* (cet arc-là), *stœ̆ fŏrɛ lŏ̆* (cette fourche-là), *èn āltœ pu dĕyĕ̆* (une halte pour manger), *mĕlŏd dœ̆ dāsi* (malade de danser).

La condition la plus importante de ces variations dans les

groupes consiste dans le mouvement de la prononciation.
Comme la prononciation est d'autant plus rapide qu'un plus
grand nombre de syllabes sont dépendantes d'un seul et
même accent et sont ainsi ramenées à l'unité d'un groupe
phonétique, c'est l'accent qui finalement est le facteur le
plus efficace de cette fluidité du langage.

CHAP. III. — L'ACCENT ET SES EFFETS
SUR LES ARTICULATIONS.

Pour étudier l'accent avec toute la précision désirable, il
faudrait des instruments qui me font défaut. Dans l'accent
il faut distinguer la durée, l'acuité et l'intensité. Le plus
souvent la même syllabe réunit ces trois éléments, mais ils
peuvent aussi être séparés. La durée est généralement sous
la dépendance des autres éléments ; sauf devant une pause,
une longue devient brève dès qu'elle n'est plus accentuée
et en même temps sa qualité se modifie plus ou moins.
Une longue est au moins deus fois plus longue qu'une
brève, mais quelquefois la différence est bien plus considérable ; par suite les différences de durée ont une très grande
importance, et une faute sur ce point choque vivement.
Une syllabe aiguë dépasse les syllabes atones d'environ
une tierce mineure ou majeure ou d'environ une quinte,
suivant les cas ; dans un cas déterminé elle est à l'unisson
des autres ; en certaines conditions ces différences sont
d'ailleurs très augmentées. L'intensité, sauf en certains cas,
n'est pas très considérable ; c'est l'élément que l'oreille
apprécie le moins facilement.

Il ne paraît pas qu'il y ait un accent de mot, c'est-à-dire
qu'il y ait dans chaque mot important une syllabe qui, en
toute circonstance, doive être plus ou moins accentuée,
comme dans les dialectes germaniques. Toute syllabe,

même un « ə muet », peut recevoir l'accent. Dans la phrase, les mots sont fondus en groupes, comme le montrent les faits qui se produisent à la finale d'un mot devant un autre mot uni avec lui (assimilation des consonnes, diphtongaison des voyelles, etc.). C'est seulement le groupe qui a un accent. Ces accents de groupes varient selon l'idée ou le sentiment exprimé par la phrase, et ainsi l'étude de l'accent consiste à déterminer les types d'accentuation qui se produisent dans chaque type de phrase. Il est d'ailleurs évident qu'une phrase un peu longue se décompose en groupes qui ont chacun leur accent.

Ier *type d'accentuation : jugement sans émotion.*

L'accent se porte sur l'avant-dernière syllabe : elle monte d'une tierce majeure ou mineure au-dessus des atones précédentes et la finale qui la suit est d'une quinte inférieure à elle. L'intensité coïncide avec l'acuité ; une longue accentuée reste longue. Les exemples cités sont choisis de manière à varier la nature du mot accentué.

ə̆ vyə̃ ǫ̆dǎü (il vient aujourd'hui). — ə̆ vyə̃ odǎü djǎ (déjà).
ə̆ vyə̃ pu ǎdyi (aider), — pu ǎdyí dmə̃ (demain).
ell ǎ tǎü (elle est tout). — ell ǎ tǫ́t pyə̃n (toute pleine).
ŏn ǎtǎ ə̆ vǎ (on entent un vent), — ə̆ vǎ fó (un vent fort).
ə̆ n vǎ pǎ iy ə̆budə̃ (il ne vaut pas y aborder), — ə̆budə̆
dmə̃.
ə̆ s ǎ vǎ vǒ lú, pǫ lə̆ (ils s'en vont vers lui, par là), — ve
lu djǎ. pǎ lə̆ djǎ.
ə̆ n fǎ pǫ̆ d brú (il ne fait pas de bruit), — d bru nǫ̆ pú
(de bruit non plus).
vǒ kmǎ ǫl ǎ (voir comme il est), — kmǎ el ǎ vuǎ̃ (comme
il est venu).
ell ǎ ǒsi jə̆n kǎ́ lú (elle est aussi jeune que lui).
ə̆ bruyǎ byǎ k sǎ̆ mǒtrǝ (un nuage blanc qui se montre).

Cette accentuation est naturellement la plus fréquente et donne une certaine monotonie à la conversation patoise. Elle me parait exister sans différences sensibles dans tous les villages dont j'ai un peu étudié le parler. Dans les environs de Lure et de Champagney (Haute-Saône), la pénultième s'élève plus haut qu'à Pierrecourt relativement aus atones précédentes (environ une quarte ou une quinte), et ce mouvement du ton n'est pas ferme et net comme chez nous.

Les exemples cités montrent que l'accent peut affecter un enclitique ou un proclitique, sans que le sens de ce mot offre rien de particulier.

Le sens peut exiger l'accentuation de l'antépénultième ; alors la pénultième est atone :

ǒ n ĕrèt p ě̜ mōmà (il n'arrête pas un seul moment).

iyĕ̜ sè̜ vlō l rāpōȳ̜ (hier ça voulait le rempoigner).

bay mǎ̜ lŭ (donne-le-moi).

Le sens peut exiger l'accentuation d'un mot placé à l'intérieur de la phrase ; alors la pénultième de ce mot (s'il est polysyllabe) est accentuée, et la pénultième du dernier groupe reste accentuée aussi :

ōn â byĕ̜ kōtrāryè̜ su lè̜ tèr (on est bien contrarié sur la terre).

2e type d'accentuation : exclamations.

L'accent frappe encore la pénultième, la note est bien plus aiguë, mais l'intensité ne croît pas à proportion, parfois elle précède la syllabe aiguë :

mō dya· mō̜ dyá·. — ǒ nō ! kà sro ě̜ tŭ ! (oh non, quand ce serait un sort, un tour !). — ǎ t ě̜ pòsíb (est-il possible !) s n â pǎ pǎ rīr (ce n'est pas pour rire ; pǎ est intense).

Si la voyelle est longue, l'accent devient circonflexe : la

1ʳᵉ moitié de la voyelle est plus aiguë que la seconde ; à cause d'une difficulté typographique, l'accent de cette longue est marqué du même signe que l'accent ordinaire :

ǫ̆ nŏ ! — ŏ mǫ̆tu y ĕ̥ ĭ kŏ (o mâtin ! il y a de quoi !).

ell ȧrgȧd ĕ dĕ̥ sŭ (elle regarde à deus sous).

Pour exprimer la protestation, c'est souvent la 2ᵉ partie de la voyelle qui est plus accentuée : pu ȧ trȧvȧ sŏ pėrǫ̆y ! (pour trouver son pareil !). — Si la dernière syllabe est brève et la pénultième longue : ĕ̥ lĕ prȧ̃rǫ̆ ! (il la prendrait !), c'est la 2ᵉ partie de cette longue qui est plus aiguë.

3ᵉ type d'accentuation : suspension de la phrase.

Si l'on tient à faire sentir qu'un membre de phrase tient le sens en suspens, l'accent frappe la finale ; si on néglige cette intention, l'accent reste sur la pénultième :

pu l dyȧl ȧu ĕ̥, pu el ȧ vȧrŏ (plus le diable en a, plus il en voudrait).

kȧt i vyĕrĕ eĕ̆ vȧ, ĕ̥ frĕ pu eȧu k ǫ̆ u fȧ (quand je viendrai chez vous, il fera plus chaud qu'il ne fait).

s ȧ pu vu kŏtrȧryǫ̆ k ĕl ĕ dĭ sĕ́ (c'est pour vous contrarier qu'il a dit ça).

4ᵉ type d'accentuation : affirmation énergique.

La syllabe accentuée est aussi la finale, mais elle est plus intense, sans être sensiblement plus aiguë.

i vu dĭ k i l prȧrǫ̆ ! (je vous dis que je le prendrai !)

i dĕ̥urŏ sĕ̆ ĕvǫ̆ĕ̆ lĕ sȧlȧd, pȧ ĕvǫ̆ĕ̆ lȧ fĕvyȧ̃ṽȧ̃ṽȧl (nous mangerons ça avec la salade, pas avec les haricots). — ĕll ȧ trŏ mȧlȧ̃y (elle est trop méchante). — ĕll ȧ trŏ fyȧ̆r (elle est trop fière).

5ᵉ type d'accentuation : interrogation.

a) L'interrogation n'est indiquée par aucune particule ou inversion : la dernière syllabe est accentuée :

tu n i vŏ pä, eŏ ägạt ? (tu n'y vas pas, chez Agathe ?)

ŏ bvə̆? (il buvait ?) — *tu n t ä irĕ pä ĕ s mĕtĕ̃* ? (tu ne t'en iras pas ce matin ?) — *ŏ sro bĕt ĕ s pwĕ lĕ̃?* (il serait bête à ce point-là ?)

b) L'interrogation est marquée par l'inversion : accentuation comme en *a*), ou comme dans le 1ᵉʳ type : *l ĕ tu və̃* ? (l'as-tu vu), — *li putrĕ tu sä suyĕ̃* ? ou : *sä suyĕ̃* ? (lui porteras-tu ses souliers ?)

c) Des particules marquent l'interrogation : accentuation comme en *a*), ou comme dans le 1ᵉʳ type, ou sur la particule (cas le plus ordinaire) :

ty ä dö k vän tä ? — *ty ä dö k vän tä ?* — *ty ä dö k vän tä ?* (qui est-ce donc qui vanne tant ?)

pu kö dö fär (= pourquoi ?) *k i vädĕ̃?* (pourquoi vendions-nous ?)

ty ä k sĕ ki k i rĕrö? (qui sait qui nous aurons de nouveau ?)

La particule : *ĕsk* (= est-ce que) est rarement accentuée. La particule peut être renforcée d'un mot (donc, diable, etc.) qui fait corps avec elle, et c'est régulièrement la finale de ce groupe qui est accentuée : *u dyäl drälö t äy?* (où diable trottait-elle ?). — Quand la particule est accentuée, la pénultième de la phrase (non la syllabe finale) peut être accentuée aussi : *ty ä k sĕ ki k i rĕ̀rö ?*

d) Interrogation compliquée d'émotion (étonnement, etc.) : finale accentuée : *ty ä dö k sä dĕ̆ lĕ̃?* (qui est-ce donc que ces deus-là ?) La tonique longue *dĕ̆* est plus aiguë dans sa première partie, ce qui permet l'accentuation de la finale.

e) Enfin on peut donner à l'interrogation un tour piquant

en la laissant deviner sans la marquer d'aucun signe spécial :
p. ex. ironiquement : *vu lu pułę dă năvèl dă lŏt gasŏ?* (leur
portez-vous des nouvelles de leur garçon ?)

6ᵉ type d'accentuation : phrase volitive.

L'accent repose sur la finale ; l'intensité est d'autant plus
grande que la volonté est plus énergique ; l'acuité est à peu
près nulle, sauf que pour exprimer une demande, une
prière, la vois s'élève un peu sur la finale, comme dans une
interrogation : *vyȇ l ă ĕvȃ mŏ* (commandement). — *ĕvȃ
mŏ* (prière). Si d'ailleurs la volonté est marquée par un
geste ou tout autre moyen, le 1ᵉʳ type peut se produire
ainsi : *vyȇ l ă -ĕvȃ mŏ.*

Accentuation des phrases consistant en mots isolés.

L'accent varie suivant les mêmes habitudes que dans les
autres phrases. Si je demande à un paysan comme il dit :
bouteille, arc-en-ciel, etc., il répont : *bułȃy, ărkȁsyèl,* etc.
— Dans une affirmation énergique : *ȇn bułȃy* avec finale
intense ; interrogation : *bułȃy?* Si le sens l'exige : *srȩkriyĕ* (se
récrier). — Exclamation : *tŏnȩr!*

Même ici il est donc illégitime de parler d'accent de mot.
Comme les mots et phrases de l'Atlas Gilliéron sont des
réponses à des questions semblables, il n'est pas étonnant
que les mots apparaissent régulièrement accentués sur la
pénultième dans l'Est de la France. Il serait faus d'en
conclure à l'existence d'un accent de mot sur la pénultième.

Effets de l'accentuation sur les formes des mots
ordinairement atones.

Les mots qui sont ordinairement atones ont parfois des
formes spéciales quand ils sont accentués. Tels sont par
exemple :

a) Les pronoms personnels : *tu* (ou : *t*) *nŏ̄ di* (tu nous dis), *-ty ĕ̀ fŭ́* (tu es fou) ; — *vw ĕ̀t* (vous êtes) ; *ĕ̀t vŭ́ ?* (êtes-vous) ; — *ĕ̀l ɑ̂ fŭ* (il est fou) ; *ĕ̀ fɑ́ tɑ́tŭ̈* ; mais : *lŭ̈ fĭ́ĕ t ɑ̂ ?* (le fera-t-il), *ɑ̃ t ĕ̆ ptŏ̆* (est-il petit !) — *k ĕ̀ l kɑ̂wp* (qu'il le coupe) ; mais : *kŏp lŭ́* (coupe-le) ; *kŏp l i* (coupe-le-lui) ; — *ĕ̆ll ɑ̃̂ drŏ̈ty* (elle est droite) ; *ĕ̀l fɑ́ tɑ́tŭ̈* ; *prɑ̄rĕ̆ t ɑ̃̂y ?* (prendra-t-elle) ; — *ɑ̂ t ĕ́y fŏ̈t !* (est-elle forte !) — *l ĕ̀m tŭ́ ?* (l'aimes-tu ?) ; — *lĕ̆ prɑ̄rɛ̆̂ t ɑ̂* (la prendra-t-il ?)

b) Quelques autres mots : *j ɑ̃ vɑ̆̈ ɑ̆̈y, ĕ̀n* (j'en veus un, une), *j ɑ̃ vɑ̆̈ ĕ̀ bŏ̄, ĕ̀n bŏ̀n* (un bon, une bonne). — L'article AU : *ŏ lɑ́* (au lit), mais il devient *aw* seulement dans *iy ɑ̆w sŏ̄* (hier au soir), et *ŏ̄* seulement dans *ml ọ̆ vɑ̃* (Moulin à vent, nom d'une ferme). — HIER : *iy ɑ̆w sŏ̄* (ou : *y ɑ̆w sŏ̄* = hier au soir), *ĕ̆ pyɑ̆̈vŏ̆ ịyĕ̆* (il pleuvait hier). — PAS : *i n sẹ̆ pɑ̃́* (je ne sais pas) ; *i n sĕ̆ pɑ́ rĕ̆pŏ̄r* (répondre) ; *p ĕ̀ mŏ̄mɑ̃* (pas un moment). — PIRE, *s ɑ̃̂ bŷĕ̀ pɑ́* ; *tɑ̃ pĕ̆ pɑ̣́ lŭ́* (tant pis pour lui). — MOULIN : *mlĕ̆̄* devient *ml* dans : *mlŏ̄ vɑ̃* (Moulin à vent).

Effets de l'accentuation sur la qualité et la quantité des sons.

A la pause une syllabe a toujours son timbre et sa durée caractéristiques. Une brève n'est jamais allongée par l'accent. Une syllabe qui n'est ni accentuée ni suivie d'une pause, est toujours brève, lors même qu'elle serait longue de nature, et elle devient d'autant plus brève qu'il y a plus de syllabes atones devant la tonique ; seules les voyelles nasales résistent un peu mieux à l'abrègement et restent en général plutôt moyennes. Enfin la plupart des voyelles ou diphtongues tendent à se fermer ou à se simplifier quand elles sont atones et non à la pause, et cet effet est d'autant plus énergique aussi qu'il y a plus d'articulations avant la tonique :

ĕ, ę̆ > ĭ > ĕ́ : fęv, vlĕ̆ dặ fĕ̆f trǫ̆ sǫ̆c (voilà des fèves trop
sèches).

pĕ̆ẓ (pèse) : tu pĕ̆s trǫ̆ just (tu pèses trop juste).

ŏ > ŏ̆ : ptŏ̆t (petite), ptŏ̆t ặtyŏ̄ (petite sotte).

ŏ, ǫ̆ > ŏ̄ > ŏ́ : pŏr, stŏ̆ pŏr byąws lĕ̆ (cette poire blette-là).

ǭ > ǫ̆ : fŏ̄t (forte), ęn fŏ̄t ākặlūr (encolure).

ǫ̂y, ŏy > ŏy : lŏ̂y (à la pause : il lie), ĕ̆ lŏ̂y tặ l tặ̆ (tout le
temps).

ặ̂, ặ̆ > ặ̆, ặ̆ : ặ̆r (heure), ęn ặr ĕ̆ dmĭ.

ặ̂ẅ > ặẅ > ặ : mặẅ (muid), ĕ̆ mặ̆ d vĕ̄ (un tonneau de
vin).

dặẅẅzĕ̄n (douzaine), trŏ̄ dặ̆zĕn d ặ̆ (3 douzaines d'œufs),
ĕ̆ pyặẅ (il pleut), ĕ̆ pyặ̆ byĕ̄ fŏ́.

ặ̂y > ŏy > ĕ̆y : stặ̆ vặy lĕ̆ (cette vieille-là), stặ̆ vĕ̆y fặn-lĕ̆ ;
sĕ̆ grặ̂y (ça résonne), sĕ̆ grĕy byĕ̄ fŏ́.

ặ̂w > ặ̂w > ow > ŏ́ : pặ̂w (pot), ĕ̆ pŏ̄w (ou : pŏ̆) kặ̂sĕ̆ (cassé).

ĕ̆ll ặ̆ prặ̆wp (elle est propre), ĕ̆l n ặ̆ prŏ̆p ĕ̆ rặ̄ (propre à
rien).

Les diphtongues à élément long résistent mieux :

cawwd (chaude). ĕ̆l nặ̂ pặ̂ ę̂ŏwd (jamais : ę̂ŏd) du tu.

fĕ̆vyặ̂ẅặ̂l (haricots), dặ̂ fĕvyặẅl grĭẓ (jamais fĕvyặ̂l).

Les voyelles nasales tendent à devenir moyennes quand
elles sont atones.

Il arrive parfois que l'analogie introduit des formes atones
là où l'on attendrait des formes toniques et vice versa.

Variations individuelles de l'accent de phrase.

Les habitudes générales qui viennent d'être décrites se
plient aus habitudes individuelles. Les uns, de tempéra-
ment vif, ayant l'imagination prompte et la langue bien
pendue, ne font que les pauses les plus nécessaires au sens,
et par suite les phénomènes propres à la position atone se
multiplient. D'autres ont la langue empâtée, ne peuvent t

pas décrocher les mots, surtout si le sujet ne les intéresse
guère, et les pauses et les accents se multiplient. Entre ces
deus extrêmes se placent des variétés infinies. A cet égard
le patois diffère d'individu à individu et aussi de village à
village : Ainsi à Pierrecourt on parle plus vite qu'à Tincey.

Chez le même individu il diffère encore suivant le sujet
traité ou l'humeur momentanée, et de phrase en phrase.
Ainsi considéré, il semble que le patois manque absolument
d'unité, car toute la prononciation varie avec l'accent, lequel
varie à l'infini. Et cependant si l'on demande à un paysan
en quoi son parler diffère de celui des autres, il répont à
peu près invariablement : *isĕ tằ l môd pàl lĕ mâm eătŭ̈tŭ̈z* (ici
tout le monde parle de même) ; c'est à peine si l'on peut
faire concéder qu'il y a quelques différences de vocabulaire.
Ce sentiment du paysan paraît juste, si l'on considère non
plus la forme, mais les matériaus du langage : les sons et
les habitudes générales d'accentuer sont en effet à peu près
les mêmes partout ; la syntaxe et la morphologie ne varient
guère ; seul le vocabulaire est, depuis l'invasion du français
surtout, dans un flux perpétuel.

Le patois d'un village est donc une réalité vivante qui a
son unité relative ; mais l'accent et le renouvellement du
vocabulaire peuvent faire varier cette unité à l'infini, jusqu'à
ce que ces deus causes donnent naissance à un nouveau
parler. Celui-ci existe déjà chez les paysans qui parlent
français ; dans ce français régional les habitudes générales
de l'accentuation patoise continuent à vivre et résistent
beaucoup mieus que le vocabulaire, parce qu'elles sont
inconscientes.

DEUSIÈME PARTIE

ÉTUDE GÉOGRAPHIQUE

La deusième partie a pour objet de comparer la prononciation de Pierrecourt à celle des localités voisines. C'est seulement dans la mesure utile à cette fin, que j'ai étudié les autres patois; j'espère sans doute n'en avoir rien omis d'essentiel, mais je n'ai pas prétendu les étudier pour eusmêmes. Pour établir les points de comparaison, des listes de mots (environ 250 à 300) ont été dressées de telle sorte qu'elles renfermaient les mots les plus usuels de chaque série de correspondances phonétiques entre le patois de Pierrecourt et le latin vulgaire. Dans les interrogations, à peu près tous ces mots étaient passés en revue; je notais les réponses à mes questions, ordinairement en transcrivant la réponse entière, quelquefois en marquant seulement le son patois qui, dans les mots de la série, correspondait régulièrement au son latin. Je n'ai jamais essayé d'établir la répartition des mots en question; même quand il s'agit de son propre patois, il est fort difficile d'établir la nonexistence d'un mot dans ce patois; à plus forte raison s'il s'agit de patois étrangers. J'ai essayé quelquefois à Pierrecourt des enquêtes sur l'existence d'un mot, mais j'ai été surpris des contradictions que je trouvais chez les personnes

fort bien renseignées ausquelles je m'adressais. Pour
résoudre et même pour bien poser les problèmes relatifs à
la présence de certains mots dans les patois français, il est
nécessaire de faire des enquêtes minutieuses ; ou l'on risque
fort de s'appuyer sur une base ruineuse, sur des rensei-
gnements incomplets. C'est donc de parti pris que je me
suis borné à des comparaisons d'ensemble ; celles-ci sont
résumées dans des tableaus dont l'arrangement suit à peu
près la disposition géographique des patois.

Lorsqu'un trait (—) se trouve dans un tableau, il indique
que par suite d'un accident quelconque, je n'ai pas de notes
exactes et sûres relatives à ce point. Les autres signes sont
les mêmes que dans la première partie, mais un peu moins
précis, à cause de la difficulté de noter exactement les
nuances les plus fines de la prononciation. Champlitte,
Gilley et Frettes ont quelquefois une voyelle éè ; ce n'est
pas une diphtongue proprement dite, mais un e dont la
première moitié est aiguë et la seconde est grave ; de même
éẽ indique un e qui est fermé dans sa première moitié et
non nasal, tandis que dans la seconde moitié il est moyen
et nasal. Les autres particularités sont expliquées au fur et
à mesure qu'elles se présentent.

Les tableaus mettent en regard d'un son latin une série
de correspondances patoises ; cela ne signifie pas que l'on
attribue au latin vulgaire ce son dans tous les mots où le
patois présente l'articulation correspondante ; les exemples
renferment même des mots qui certainement n'ont jamais
fait partie du vocabulaire gallo-roman. On veut dire seulement que cette articulation patoise semble avoir pris naissance dans certains mots où elle correspondait au son latin
défini ; peu importe que ces mots soient en partie ou non
ceus qui servent ici d'exemples. Les correspondances indiquées ont trait non à des mots, mais à des articulations.

Les localités sont désignées par leurs initiales : Ch. = Champlitte ; ChV. = Champlitte-la-Ville ; P. = Pierrecourt ; Le. = Leffond ; La. = Larret ; Mo. = Montarlot ; Ma. = Margilley ; A. Argillières ; C. = Courtesoult ; Fo. ou FoB. = Fouvent-le-Bas ; FoH. Fouvent-le-Haut ; R. = Roche ; T. = Tincey ; G. Gilley ; Fr. = Frettes.

Les personnes interrogées sont presque toutes pour moi d'anciennes connaissances, qui éprouvaient un vrai plaisir à me rendre service. Ce point est important ; les villageois parlent tout autrement à un ami qu'à un étranger, à un « Monsieur » de la ville. Voici la liste des personnes interrogées :

Montarlot : Léon Née, de Montarlot, âgé de 37 ans ; a toujours parlé le patois de son village ; depuis quelques années cantonnier à Pierrecourt.

Courtesoult : Marie Batier-Carteron, de Courtesoult, 26 ans, femme d'un charron, possède bien son patois, quoiqu'elle parle plus volontiers français.

Argillières : Marie Balland-Doizenet, d'Argillères, 24 ans, femme d'un voiturier, parle très bien patois.

Roche : Anna Millerand-Grand, de Roche, 68 ans, veuve d'un négociant, parle ordinairement patois.

Larret : Emilia Guillot, de Larret, 22 ans, femme de mon frère, parle presque toujours patois.

Fouvent-le-Bas : Augustine Gaumet, 52 ans, ménagère ; connaît très bien son patois et m'a indiqué les principales différences entre Fouvent-le-Bas et Fouvent-le-Haut.

Gilley : ma mère, a passé toute sa jeunesse à Gilley et a toujours parlé patois.

Champlitte-la-Ville : Cardinal, environ 60 ans, de ChV., a toujours parlé patois ; cultivateur.

Tincey : M. et Mme Lecomte, de Tincey, tous deus environ 50 à 60 ans, parlent ordinairement français, mais connaissent bien le patois qu'ils parlent encore couramment. M. Lecomte est instituteur.

Margilley : Mlle Lamarche, environ 70 ans, et sa sœur, veuve Capitaine, 85 ans ; toutes deus ont toujours vécu à Margilley et toujours parlé patois ; toutes deus ont une mémoire très sûre.

Leffond : Françoise Robinet, de Leffond, 70 ans, a toujours parlé patois ; femme de cultivateur.

Frettes : Augustine Mille, de Frettes, 50 ans, femme de cultivateur, a toujours parlé patois.

Champlitte . M. Henriot-Née, environ 50 ans, propriétaire-cultivateur ; Agathe Jonquet-Langueten, 48 ans ; tous deus de Champlitte et parlant ordinairement patois.

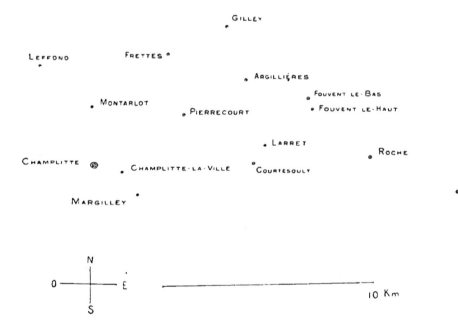

§ I. — VOYELLES TONIQUES LIBRES.

Une voyelle est libre quand, dans le même mot, elle n'est pas suivie d'un groupe de consonnes ; *tr*, *dr*, *pr*, *br* ont la valeur d'une seule consonne. En cette position chaque voyelle latine aboutit à un résultat qui, dans tous les villages, est le même, sauf pour *é* :

lat. vulg.	*i*	*é*	*è*	*a*	*ò*	*ó*	*u*	*au*
tous les patois	*i*	*ó (wa)*	*yé*	*è*	*à*	*u*	*u*	*àü (ó)*

La limite de *ó* (= lat. *é*) est marquée par Courtesoult, Larret et Fouvent-le-Bas ; Fouvent-le-Haut et Roche ont *wa*, Tincey *wé*. — La correspondance *au* > *ó* appartient à R. et à T.

Exemples. — *a* > *ĕ* : blé : *byĕ*, — gué : *gĕ*, — pré : *prĕ*, — poutre : *trĕ* (trabem), — tuer : *tyüĕ*.

è > *yĕ* : pied : *pyĕ* ; — fier : *fyĕ*.

é > *ŏ* : moi : *mŏ* ; — toi : *tŏ* ; tu bois : *tu bŏ* ; — roi : *rŏ* ; — poix : *pŏ*. — Fouvent-le-Haut et Roche : *mwä*, *twä*, *bwä*, etc. ; — Tincey : *mwĕ*, *twĕ*, *bwĕ*, etc. — trois mois *trwĕ mwĕ*, T. ; — *trwä mwä*, R., FoH. ; — *trŏ mŏ*, ailleurs.

ò > *à* : bœuf : *bà* ; — œuf : *à* ; — neuf (9) : *nà* (devant cons.).

ó > *ü* : meilleur : *mwäyü*, R., FoH. ; *möyü*, P., etc. ; — en guenilles : *gnĕyü*, partout ; — chatouilleux : *gätwĕyü* T. ; — *gĕtóyü*, P., etc.

i > *ĭ* : fil : *fĭ* ; — avril : *èvrĭ* ; — vif : *vĭ*. — De même dans les mots qui correspondent aus mots latins : dies, via *sämdĭ*, *vĭ*.

u > *ü* : dur : *dü* ; — eu : *èvü*, P., etc. ; *ĕtü*, Mo. ; — coupure : *köpür* ; — sur (préposition) : *sü* ; — eau de lessive (lix + utu) : *läüsü*, P., Ch., ChV., Mo., Ma., A. La., C. ; — *läsü*, Le. ; *lsü*, Fr. ; *lòcü*, G. ; *lĕsü*, Fo., R., T

au > *ăŏ* ou *o* : chose : *cŏ̄z̧*, T., R. ; — *ĕăŏ̄z̧*, P., C., La., A., G., Fr., Ch., etc. ; — pauvre : *pŏr*, T. ; *prŏv*, R. ; *prăŏ̄v*, P., La., etc.

§ 2. — Voyelles toniques entravées.

Une voyelle est entravée quand elle est suivie d'un groupe de consonnes qui n'exercent pas d'influence sur son développement. Les consonnes et les groupes qui modifient les destinées des voyelles seront étudiés aus paragraphes suivants :

lat. vulg.:	*i*	*ẹ*	*ẹ̀*	*a*	*ǫ*	*ọ*	*u*
Patois	*i*	*e (é)*	*e (éĕ)*	*e (é)*	*ọ*	—	—

Pierrecourt, Margilley et Tincey ont la correspondance : *ọ* > *u*. Les sons indiqués entre parenthèses se produisent si, en patois, la voyelle finit le mot.

Exemples. — 1) *a* > *e* : malade : *mĕlĕd* ; — battre : *bĕtr* ; — patte, *pĕl* ; — trappe : *trĕp* ; — matt : *mĕl* (sans énergie) ; ratte : *rĕl*. Si la consonne est tombée, *a* > *ĕ* : rat : *rĕ̃* ; — chat : *cĕ̃* ; — chariot : *cĕ̃*, A., G. ; à Pierrecourt n'est plus connu que des personnes âgées. — 2) *ẹ* > *e* : sept : *sĕ̃* (devant cons.), *sĕt* (devant voyelle) ; — jète : *jĕl*. — *ll* du latin forme ici entrave : belle : *bẹl*, — tachetée : *grivẹl*, = cervelle : *sărvẹl*. — Si en latin cette consonne double était suivie de *e* ou de *u*, elle est tombée, et *ẹ* > *ĕ* à Le., Ch., Ch.-la-Ville, Mo., Ma., Fr. ; mais > *ĕ* à P., G., A., La., C. ; — *ĕ* à Fo., R., T. : chapeau : *cĕpĕ*, *cĕpĕ*, *cĕpĕ*. — petite gerbe de chanvre : *mẵnvĕ*, P., L., *mĕ̃nvĕ*, Le. ; — échalas : *pasĕ*, P., *paĕĕ*, T. ; — chanteau : *cătĕ*, P., P. ; *cătĕ*, T. ; *cătĕ*, M., — agneau : *ĕ̃yĕ*, P. ; — *ĕ̃yĕ*, T. ; — *ĕ̃yĕ*, Ch.

couteau : *kutĕ*, P. ; — *kutĕ*, Mo. ; — *kutĕ*, R.

oiseau : ŏ͜ʑ͛, P. ; — ŏʑ̆, M. ; — ŭjĕ̆, T. G. ; — wājĕ̆, R.

crêpe : krêpĕ̆, P. ; — krăpĕ̆, A. ; — krāpĕ̆, R.

peau : pĕ̆, P., A., L., C. ; — pĕ̆, Fo. R. T. — pĕ̀, Ch.,
ChV., Le., Mo., Ma., Fr.

sourd : sŭdĕ̆, P., Ma. ; — sŏdĕ̆, A. ; — sodĕ̆, Ch., Le.,
ChV.

nouveau : nă̆vĕ̆, P. ; — nă̆vĕ̆, Ch.

beau : bĕ̆, P., Ma., A., L., C., Fo., R., T. ; — mais bĕ̀,
Le., Fr., ChV. ; — bă̆w, Ch. ; — dont la voyelle allongée
est moins facile à comprendre que celle des deus mots
suivants : veau : vĕ̆, P. G. ; — vĕ̆, Fr. ; mais vyă̆w, Le.,
Ch., ChV., Mo., Ma., C. ; vyă̄w, L., Fo. ; — vyŏ̆, R. T.

claie : tyĕ̆, P.

Cette dernière désinence en -ă̆w se retrouve dans
quelques mots : moineau : mŏnă̆w, P., fourneau : furnă̆w,
P. ; rideau : rĭdă̆w, P. ; affutiau : ĕfŭtyă̆w, P. ; etc. Ils ont
aussi cette désinence dans les autres patois (-ŏ̆ à R. et T.) ;
— La., Fr., Fo., furnă̄w, rĭdă̄w ; — Ch. : bwă̆yaw ; P.,
bŏyă̆w : boyaus. — Mots d'emprunt ou suff. -aw.

3. — ĕ̆ > ĕ̆ : dette : dĕt ; — il : ĕ̆ ; partout. — Si la
cons. tombe, > ĕ̆ : il met : ĕ̆ mĕ̆.

4. — i > i : bique : bĭk ; pisse : pĭs. — 5. — ŏ > ŏ :
os : ŏ̆ ; tôt : tŏ̆.

Quant à ŏ et u, voir leur développement sous l'influence
des divers groupes.

La diphtongue au, entravée par nt, donne à dans :

faunt : fă̄ ; vaunt : vă̄ ; aunt : à. — P., La., Ch., etc.

Rem. — est + a > ĕt : arête : ĕrĕt ; fenêtre : fnĕtr ; tête :
tĕt ; fête : fĕt ; bête : bĕt ; prêtre : prĕt. — De même : guêpe :
gĕp ; vêpres : vĕpr.

§ 3. — Voyelle *a* latine tonique devant ou après palatale latine.

2	3	4	5	6	7	8	9	10	11	12	
ancu anca	acu achiu acta	iacu	aria aria	aticu	avia abia	acsa assia	agra acra	actu agde	iga age	agula acula	a
ĕ ĕɛ	ĕ		á àr	ĕj	—	—	a	a	a a	áy	
id.	ĕ	ĕ	ĕ̀ ĕj	ĕj	áj	as	a	a	a a	ay	
id.	ĕ	—	á àr	—	áj	as	a	a	å å	åy åy	
id	ĕ	á	á àr	áj	áj	as	a	a	a a	ay	
id.	ĕ	á	á àj	—	—	—	a	a	—	áy	
id.	ĕ	á	á àr	ĕj	ĕj	—	ĕ	ĕ	— e	áy	
id.	ĕ	á	á àr	áj	áj	as	a	a	a a	áy	
id.	ĕ	á	á ĕj	áj	áj	as	a	á	å å	áy áy	
id.	ĕ	á	á ĕr	áj	áj	as	ĕ̀	á	å a	áy åy	
id.	ĕ	á	á ĕr	áj	áj	as	ã	á	å a	áy åy	
id.	ĕ	á	á ĕr	áj	áj	as	ā	a	a a	áy	
é id.	ĕ	—	ĕ ĕr	ĕj	—	as	ĕ̀	ĕ	ĕ̀ ĕ	ay	
id.	ĕ	ĕ	e ĕr	ĕj	ĕj	es	ĕ̀	ĕ	ĕ̀ ĕ	áy	
id.	ĕ	ĕ	ĕ ĕr	ĕj	ĕj	es	ĕ	ĕ	ĕ ĕ	áy	

Après un *c* initial *a* > *é* : chez : *cĕ* ; — cher : *cĕ̆* ; — choit : *cĕ̆* ; — P., G., La., etc.

Le groupe -*gná*- > *ɥĕ*, là où palat. + a donne *é* ; mais > *ɥĕ*, là où palat. + a donne *i* : enseigner : *àsoɥĕ*, Le., Ch V. Mo. ; — (*s frôɥĕ* = se frotter, Fo.) ; — *àsĕɥĕ*, Ch. ; — *sóɥ*

(signer), Ma.; — *āsŭ̆ye̊*, T.; mais *āsŏye̊*, P., Fr., G., La. —
Le groupe -*gnyā*- a des correspondances moins claires :
araignée : *ĕrẽye̊*, Le., *ĕrẽyi*, Ch., Fo., T.; — *ĕrẽyŭ̆*, Mo.; —
ĕrẽye̊, P., La.; — *ĕrẽyi*, R.

poignée : *pŏye̊* (forme francisée ?), Ch.; — *pŏye̊*, Fo., P.,
La., C.; — *pw̆ĕyi*, T.; — *pŏyi*, R.

Exemples. — 1° donner : *bă̆yi*, P., C., Fr., Ma.; — *bă̆yi*,
La.; — *bĕye̊*, T., R.; — *bĕyi*, Fo.; — *bă̆ye̊*, Le., Mo., ChV.;
— nager : *nĕji*, P., Ma.; — *nĕje̊*, Mo.; — *nĕje̊*, Fo.; —
ouvrir la bouche pour parler : *dĕbă̆yi*, P., La.; — *dĕbāyi*, C.,
Fo.; — *dĕbāye̊*, T., Le., Mo.; — *bă̆ye̊* (= bailler), R. —
payer : *payĕ̊*, R., Le., Mo., Ch.; — *pĕye̊*, Fo.; — *pĕyi*, G.
— chatouiller : *gĕtŏyi*, P., La., Fr.; — *gĕtŏye̊*, Mo., Ch.; —
gătwăye̊, T.; — *gĕtwăye̊*, R. — s'emplir les chaussures d'eau :
ᴢ *găⁱ̃ji*, P.; — ᴢ *gă̆wje̊*, Ch., T.; — ᴢ *gŏje̊*, R.; — mirer :
mĭri, P., C., La.; — *mĭre̊*, T., Le., Mo.

cirer : *sĭri*, P., C., La.; — *sĭre̊*, T. — cacare : *ei*, P.; —
eye̊, R.

A P., La. et (sans *ă̊*) C., Fr., Ma. : virer : *vĭri*; foriare :
fwĭri; — durer : *dŭri*; — tirer : *tĭri*; — curer : *kŭri*; —
salir : *mă̆eŭri*; — s'empêtrer les jambes : *s ăpătŭri*. — R
fwĭre̊, *sĭre̊*, *ăpătŭre̊*, *tĭre̊* (id. Le., Mo., Fo., Ch., ChV.). —
flairer, clairer : *fyāri*, P. *tyāri*, P. (id., C., La.); — *fyĕri*,
tyĕri, A., G.; *fyĕre̊*, R.; — *tyĕre̊*, R. Fo.; — *fyāre̊*, *tyāre̊*, Le.,
Ch., Mo., ChV.; — lessive et fouet se disent partout :
bŭ̆i, *korji*.

génisse : *tŏri*, P.; — *twări*, T., R.

attacher : *ĕtĕei*, P.; — *ĕtĕe̊*, Mo., Fo., Ch.

mettre en sac : *ăsĕei*, P.; — *ăsĕe̊*, Ch.

jeter : *eti*, P. La.; — *ete̊*, Ch. — arracher : *ĕrĕei*, P., Ma.;
— *ĕrĕe̊*, Ch. — medicare : *mŏji*, P.; — *mŏje̊*, Ch.

2. — il se plaint : *ĕ spye̊*. — grange : *grĕj*. — planche :
pyĕ̃e. Partout.

3. — lac : *lŏ*, P., Ch. — Montarlot dit : *găy*, Frettes : *bi* ; d'autres patois manquent d'expression propre.

bras : *brŏ*, P., Ch., et partout.

glace : *dyĕs* ; partout.

4. — Margilley : *Marjĕyĕ*, Ch.; — *Marjĕyá*, Mo., Ma., Fr., P., G., A., La., C.; — *Marjĕyĕ*, R. — Tincey : *Tĕsĕ*, T. — Savigney : *Sĕvĕyá*, P. ; — Gilley : *jắyá*, P., G.

5. évier : *ăgá*, P., La., Ma.; — *ŏgĕ*, T. — mouron : *cukuyá*, P., Ma. — sureau : *săü̃yá*, P., La.; — *săü̃yĕ*, Ch. — volontiers : *vlătá*, P., La., Ma.; — *vŏlŏtĕ*, Ch.; — *vlătĕ*, T. — lucarne du grenier : *săĭlắ*, Le. — doizil : *dzĭ*, P., La., Ma., Fr., Fo.; — *dzĕ*, Ch.; — *dzĕ*, T., R. — panier : *pnắ*, P., La.; — *pnĕ*, Ch.; — *pnĕ*, T. — berceau : *brắ*, P., La.; — *brĕ*, Ch.; — *brĕ*, T., R. — clocher : *tyŏeắ*, P., La.; — *tyŏeĕ*, Ch.; *tyăĕĕ.*, T. — meunier : *măyá*, P.; — *mŭyĕ*, Ch.

lucarne : *cĕtnẽr*, P., La.; — *cĕtnĕr*, T. — chaudière : *eŏdắr*, A.; — *eaü̃dĕr*, P., La. — courroie sous la queue du cheval : *kwẽr*, P., La.; — *kwăr*, A., Ma.; — *kwĕr*, T. — rivière : *rivẽr*, P., La.; *rivắr*, G.; — *rvĕr*, T. — chenevière : *eănvẽr*, P. ; — *eănvắr*, Le., Fr., Mo., G.; — *eănvĕr*, T. — salière : *sŏlẽr*, P.; — *sawlĕr*, Ch.;— *săwlăr*, ChV.; — *sălăr*, Fr.; — *sĕlắr*, G.; — *sŏlắr*, Ma.; — *sálĕr*, Fo.; — *sŏlĕr*, T.

moissonneur. moissonneuse : *mŏsná. mŏsnẽr*, P., La.; — *-ắ, -ắr*, Ma.; — *-ĕ, -ĕr*, Ch. — premier, première : *prŏmá*, *prŏmẽr*, P., La. — dernier, dernière : *dĕrắ, dĕrẽr*, P., La., C.; — *dărĕ, dărĕr*, Ch.; — *dărĕ, dărĕr*, R.; — *dárĕ, dărĕr*, T. — entier, entière : *ătắ, ătẽr*, P., La.; — *ătắ, ătắr*, G., Ma., Mo., A.; — *ătĕ, ătĕr*, Ch.; — *ătĕ, ătĕr*, R.; — *ătĕ, ătĕr*, T.

6. — herbage : *ĕrbắj*, P.; — *ărbĕj*, T. — davantage : *dĕvătáj*, P.; — *dĕvătĕj*, R. — dommage : *dŏmáj*, P., La., C.; — *dŏmĕj*, Fo., G., Ch., T. — sauvage : *saü̃váj*, P.; — *sŏváj*, A., Ma.; — *sŏvĕj*, R.; — *sŏvĕj*, T.

fourrage : *jurắj*, P., La.; — *fŏrắj*, A.

fromage : *frōmắj*, P., La.; — *frắmắj*, A.

7. — cage : *kắj*, P., Mo., Ma., La., C.; Ch., ChV.; — *kèj*,
Fo., T.; — *kèj*, R. — rage : *rắj*, P., Mo., Ma., La., C.,
Ch., ChV.; — *rèj*, Fo., T.; — *rèj*, R.

8. — laisse : *lăs*, P., Mo., Ma.. La., C.; — *lĕs*, R., T.
— graisse : *grăs*, P., Mo., Ma., La., C.; — *grĕs*, T.; —
grĕs, R.

9. — flaire : *fyắr*, P., Mo., Ma., La., Fr., Ch., ChV.;
— *fyèr*, Fo., R. G.

éclaire : *tyắr*, P.. Mo., Ma., La., Fr., Ch. ChV.; — *tyèr*,
Fo. T.

maigre, aigre : *mắgr*, *ắgr*, P., Mo., Fr., Le.; — *mĕgr*
ĕgr, R., G., Fo.; — *mĕgr*, *ĕgr*, T. R.

maître : *mătr*, P., La.; — *mètr*, T.

10. — mait : *mă*, P.; — *mă*, Ch., Ma., C.; — *mĕ*, Fo.,
G., T., R.

fait : *fă*, P., La.; — *fă*, Fr, etc. — faire : *făr*, P., La.; —
făr, Le., Ch.; — *fèr*, T., R. — il trait : *tră*, P.

plait : *pyă*, P., La.; — *pya*, Ch., Le., etc.

11. — plaie : *pyă*, P., ChV., A. La.; — *pyă*, Fr., C. Le.;
— *plĕ*, R.; — *pyĕ*, T. Mo.

jamais : *jĕmă*, P., ChV.; — *jĕmĕ*, G., T., R.; — *jĕma*,
C., Le., Ma., Fr.; — *jămĕ*, Mo.

mais : *mă*, P., La., A.

12. — panais : *pătmăv*, P.; — *pĕtmăy*, Le., Ch., Ma.,
Mo., Fr., C., A., La; — chail : *cắy*, P., etc.

maille : *mắy*, P., ChV., La.; — *măy*, Ch., Ma., T., C.,
R.

bâille : *bắy*, P., La.; — *băy*, Ch., C.

braille : *brắy*, P. ChV., La.; — *brăy*. T. Fr.

13. — punais : *pnă*, P., La.; — *pnă*, Fo., Ch., T. Fr., C.;   *pnă*, R.

frène : *frăn*, P.;   *frăn*, C., Fo.

chêne : *eăn*, P., La.; — *eăn*, C., Fo. — âne : *ăn*, P.; — *ăn*, Fo., G. — mâle : *măl*, P.,La., A. — *măl*, ailleurs.

14. — vache : *văe*, P.; — *văe*, A., Mo., Ch., Ma.; — *văe*, Fo., G., T., R.; — *văe*, Fr.

hache : *ăe*, P., A., La.; — *ăe*, Ch., Ma., Mo.; — *ĕe*, Fo., G., T., R.; — *ĕe*, Fr.

tache : *tăe*, P., La.

cache (coäcteat ?) : *kăe*, P., La.

Noter que *ă* de Champlitte-la-Ville est à peine teinté d'*o* et beaucoup plus près d'*a* qu'*ă* de Pierrecourt, de Larret et d'Argillières.

§ 4. — *a* TONIQUE LAT. DEVANT *qu* (*v*), *l*, *r*, *m*, *n*.

Dans *aw* de Roche la semi-voyelle est très réduite, de telle sorte que parfois elle me paraissait à peu près insensible. — *aw* (= eau) a un *w* bien plus long que *ăw* dont les deus éléments sont brefs.

Exemples. — 2. — sel : *săw*, P., La., Le.; — *sŏ*, R.; — *sŏ*, T.

mal : *măw*, P., Fr.; — *măw*, A., La.; — *mŏ*, T.; — *mŏ*, R. — poitrail : *pŏtyrăw*, P., C., Mo.; — *pwătrŏ*, R., T.

lat. nidale (œuf du nid de poule) : *yăw*, P., La., Fr.; — *yŏ*, R. — *yŏ*, T.

journal (mesure agraire) : *jŏnăw*, P., Mo.

dé (à coudre) : *dăw*, P., C., A., Fr., Le., Ma.; — *dŏ*, R. — *dwăyĕ*, T.

Il est curieus que les trois mots : *qualis, talis, Natalis* (Noël) se comportent comme s'ils avaient la désinence latine -*ĕllu* :

quel, tel : *kẽ, tẽ,* P., T., La.; — *kẽ, tẽ,* Ch.

Noël : *Nwẽ,* P.; — *Nwẽ,* Ch., Ma.; — *Nwẽ,* R., T.; — *Nwẫ,* Fr., Mo., Le.

1	2	3	4	5	6	7	8	9	10
qua	-ale -alu	-ala	al + cons.	-abl -apl(atl)	ar(acr) + cons.	ass, as + cons.	avu aucu	-ana -áma	-an, -am(e)
ıw	aw	aw̄l	aw	aw̄l	a	ā	ắẅ	—	ẽ (—
ıw	aw	aw̄l	aw	aw̄l	a	ā	ắẅ	ẽn	ẽ (ẽ
ıw	aw	aw̄l	aw	aẅl	a	ā	ắẅ	ẽn	ẽ (ẽ
ıw	aw	aw̄l	aw	aw̄l	a	ā	ắẅ	—	ẽ (—
ıw	aw	aw̄l	aw	aẅl	a	a	ắẅ	ẽn	ẽ
ıw	aw	awl	aw	aw̄l	a	ā	ắẅ	ẽn	ẽ
ıw̄	aw	aw̄l	aw	aw̄l	a	a	ắẅ	ẽn	ẽ (ẽ
ıw̄	aw	aw̄l	aw	aw̄l	å̊ (a)	å ·	ắẅ	ẽn(m)	ẽ
aw̄	aw, aw̄	aw̄l	aw	aw̄l	å̊ (a)	å	ắẅ	—	ẽ
aw̄	aw, aw̄	aw̄l	aw	aw̄l	å̊ (a)	å̊	ắẅ	ẽn(m)	ẽ (ẽ
aw̄	aw	aw̄l	aw	aw̄l	a	a	ắẅ	—	ẽ (—
ıw̄	aw̄	òl	aw̄	aw̄l	a	ā	ắẅ (aẅ)	ẽn(m)	ẽ
ȱ	ȯ	òl	ȯ	ol	a	ā	æw	ẽn(m)	ẽ
ȱ	ȯ	òl	ȯ	ol	· a	à	ó	ẽn(m)	ẽ

3. — aile : *aw̄l,* P., C., Fr., Le.; — *òl,* R., Fo., T.

pelle : *paw̄l.* P., Fr.; — *pòl,* T. — (curer l'écurie = *paw̄lẽ,* Fo.), *pel,* Fo.; — *pāl,* R.

il sale : *saw̄l,* P., Ch.

gale : *gaw̄l,* P.

Après palatale : échelle : *ẽčẽl.* P., Ma.

1

4. — sauce : *sãũs*, P., La.; — *sós*, T.

saute *sãũt*, P., La. — L'*aũ* est long à cause de l'*a* qui suivait autrefois dans ces deus mots.

cheval : *cvaũ*, P., La., Ch.,— *cvaũ* Fo.; — *cwãũ*, Fr., — *cvõ*, R.; — *cvõ*, T.

chaud et chaus : *cãũ*, P., La., Ch.;— *cõ*, R.; — *cõ*, T.

haut(e) : *ãũ, aũt*, P., La., Ch.

chauve-souris : *cãũvucrĩ*, P.; — *cõvucrĩ*. Ch.; — *cãũvõsrĩ*, Le.

5. tôle (tabula) : *lãũl*, P.; — *lõl*, R.; — *lõl*, T.

rable : *rvãũl*. P., A., Fr., Mo.; — *rvaũl*, Fo.; — *ryõl*, R.; — *ryõl*, T.

érable : *õzrãũl*, P.; — *õzrõl*, R.

épaule : *ẽpaũl*, P., La., Ch.; — *ẽpõl*, R. T.

croyable : *krõyãũl*, P.; — pénible : *põnãũl*, P.

Mots empruntés : sale : *sãl*, La.; — table, *lãb*, P., *lãb*, G.; *lãby*, Fo. — abominable : *ãbõmiũãb*, P.

6. — tard . *lã*, P.; — *lã*, R., T., Le., Fo., G., Ma., ChV.; — *lar*, Ch.

part : *pã*, P.; — *pã*, T., Mo., Ch. — Partout = morceau de lard.

boiteus : *gẽyã*, P., La.; — *gẽyã*, Ch.; — *gẽyã*, Ma.

hazard : *azã*, P.; — *aza*, Ma.; — *ãzã*, T.

brouillard : *brãyã*, P., A., La.; — *brãyã*, R., Fr., Ch., T.

lard : *lã*. P., La.; — *lar*, Ch.; — *la*, Fo., Ma., ChV.

L'*a* reste aussi à P., La., A., etc., si la consonne suivante est maintenue : regarde : *rgãd*; — boiteuse : *gẽyãd*; — lézard : *lõzãd* (fém.); — cuisinière de noces : *suyãd*; — larme : *lãrm*.

suyãd, R. Fo. : *suyãd, gẽyãd*. — Ch. *rgãd, lõzãd*. — Tincey : *rgãd, lõzãd*.

7. — gras : *grå*, P.; — *grā*, R., Fo., G., Ma., T.

pas : *på*, P., La., A.; — *pā*, Ma., T. — râcle : *råly*, P., La., A.

casse : *kås*, P., La.; — *kās*, T. — pâte : *påt*, P., La., A.; — *pāt*, ailleurs.

blâme : *byåm*, P., La.; — *byām*, R., Ma., T.

å reste même si la consonne suivante se maintient.

8. — peu : *påü*, P., Fr.; — *påεó*, T.; — *peåü*, Mo., Ch., Ma.; — *paü*, R.

clou : *tyåü*, P., Mo., Ch., Ma.; — *tεó*, T.; — *tyaü*, R.

Même développement que pour la diph. *au*, sauf à Roche.

Le mot « chanvre » a des formes analogues : *enåwr*, P.; — *cnåü*, Le.; — *cnåü*, Fr.; — *enåwr*, Ch., Mo., G.; — *cnðvr*, T. R.

9. — laine : *lčn*, P., T. — *lčn*, ChV.; — *lčn*, Ma. — graine : *grčn*, P.

rame : *rčm,* P., La. — chienne : *εyčn*, P., Ch. (après palat.).

tizane : *dīžčn*, P., T.; — *dīžčn*, ChV.; — *tīžčn*, Ch. — *dīžčn*, R., Fr., Fo., Ma.

marsanne : *måsčn*, P.; *måsčn*, Fo. — fontaine : *fótčn*, P.

10. — faim : *fč̃*, P., etc. — stramen : *čtrč̃*, P., Fr.

pain : *pč̃*, partout. — ramum : *rč̃* (brindille), P. Ch.

Après palatale : chien : *εyč̃*, P., T., G.; — *εyč̃*, Ch., Ma.; — *εč̃*, Fr.

lien : *lŏyč̃*, P., Fo.; — *lŏyč̃*, Ch.; — *lwåyč̃*, R. — Les patois qui ont ici *č̃* sont ceus qui ont ácca > *aε* (et de plus : Larret).

11. — enfant : *àfā*. — an : *à*. — La longue paraît si le mot se terminait autrefois par *œ* : plante : *pyåt* ; chambre : *εåbr*. Dans tous les patois étudiés, p. ex. : *pyåt*. T.

§ 5. — È TONIQUE LAT. DEVANT PALATALE ET GROUPES RENFERMANT *l*, *r*, *m*, *n*.

	2	3	4	5	6	7	8	9	.1
)+ :ile	èn +cons. non palat.	èn + palat.	è + palat.	ècl	èrcl	èliu	èriu	èttia eptia	èr + non
—)	ã	—	á	áy	á̄ty	áü	ár	yès	a (
—)	ã	—	á	áy	—	áü	ár	—	a (
—)	ã	—	á	áy	áty	áü	—	—	a (
—)	à	—	á	áy	—	áü	ár	ás	a (
—)	ā	—	á	áy	éty	áü	ár	ás	ă (
—)	ã	—	á	áy	—	áü	ár	ás	a (
—)	à	—	á	áy	áüdy	áü	ár	yés	a (
'n)	ã	—	á	áy	áüty	áü	ẹr	yès	a (
'n)	ā	ēn	á	áy	áy	áü	ár	ès	a (
'n)	ā	ēn	á	áy	áüty	áü (œü)	ẹr	yès	a (
—)	ā	—	á	-áy	—	áü (œü)	—	yès	a (
'n)	à	ē̃	á	èy	ĕty	—	—	—	a (
'n)	à	ēn	e	ĕy	éty	œü	èr	yés	a (
ēn)	ā	ēy	é	éy	éty	ǽ	èr	yés	a (

Exemples. — 1. — tien : *tyè̄*, P., La, Ma. — Ch. *tyè̄ myè̄*, (mien).

tienne : *tyèn* P., La., A. ; — *tyèn*, T., R. ; — sienne *syèn* P. ; — *syèn*, Fo.

bien (adverbe) : *byè* P. ; — *byè* La. ; — *byè*, Le ; — *bè̄* Fr — *bè*, Ch., Ma.

Les formes divergentes de ce dernier mot viennent de ce qu'il est le plus souvent atone.

2. — prendre : *prãr*, partout.

temps : *lã*, partout, sauf *lã*, Gilley.

vent : *vã*, partout.

rien : *rã*, partout. Cette forme, régulière devant cons., est employée exclusivement, même devant voyelle.

3. — vienne : *vyẽn*, P. ; — *vyẽn*, Fo. ; — *vyẽy*, T.

4. — dis, nom de nombre : *dis*, Fr.; — sis. nom de nombre : *si*, Fr. — Ailleurs les formes françaises. — pis (pejus) : *pi*, P., G., Ch., Ma. — Fr., Le. ; — *pö*, T. R.

pis (de vache) : *pi*, P., Ch., Ma., Fr., Le. ; — *pö*, R. T.

lit : *li*, P., Fo., Ma., Fr., Le. ; — *lö*, R., T. ; — lire : *lãr*, P. ; — *lẽr*, Fo., T.

cerise : *slãz*, P., Ch., Le., A. ; — *slẽz*, Fo., T. ; — *sẽléz* R.

5. — vieus, vieille : *vãy*, P., Le. ; — *vöy*, Fo., R. ; — *vöy*, T.

6. couvercle : *kwãwly*, P., La. ; — *kwãly*, Ch., V., Le. ; — *kwẽly*, Fr., R. ; — *kwãy*, A. ; — à Gilley l'on dit : *bãeãy*.

7. — mieus : *mãw*, P., G., R., Ma. ; *mö*, T.

8. — cimetière : *sãmtẽr*, P., La. ; — *sãmtãr*, Mo., G., Fr., Ma., Le., A., Ch. ; — *sãmtẽr*, T. ; — *sãmtẽr*, R.

ivre : *ïvr* : partout, mot d'emprunt ?

9. — pièce : *pyös*, P., C., La., Le. ; — *pïs*, A. ; — *pãs*, Mo., Fr. ; — *pyõs*, R., T., Ma. ; — nièce : *yõs* : P., C., La., Le., Fo., G., Fr. ; — *yõs*, R., T., Ma. ; — tiers : *lyö*, P. ; — cierge : *syẽrj*, P.

10.   germe : *jårm*, P., Fo., Ch., Ma., T. ; — terme : *tårm*, P. ; — gerbe : *jerb*, P. ; *järb*, La.

herbe : *ęrb*, P. (*arbñ*) ; — *årb*, La. ;   cherche : *ęarę*, P., Fo., T.

serpe : *sarp*, P., C., Fo., Ma., T. ; — il sert : *sarv*, P., T.

merde : *mǎd*, P., T., etc. ; — il serre : *sår*, P. La. ; — *sår*, C., Fo., Ch., Ma., T., R.

perdre : *pędr*, P., Ch. ; — *pędı*, Fo.

Quand les cons. tombent en patois, *ę* latin devient *ę* en ce cas : hiver : *ivę*, P., ; Fo. ; — ver : *vę*, P., C., Fo., G., Ma., etc. ;   fer : *fę*, P., Ma., Fr. ; — *fęr*, Mo.

11. — pierre : *pyęr*, P., A., Lo., C. ; — *pyęr*, T. (influence du français ?).

lièvre : *lyęvr*, P., Le. ; — *yęvr*, R. ; — *yęvr*, T.

merle : *myęl*, P., La., C., A., Fo. ; — *myęl*, R. ; *myęl*, T. — Partout féminin.

fièvre : *fyęvr*, P. ; *fyęvı*, Le., Mo., R. ; — *fyęvr*, La., A., C., Ma. ; — *fyęvr*, Fr. ; — *fyęvr*, Fo., G. — Influence de la palatale dans le mot : chaise : *ęęr*, P., T. ; — *ęęr*, Ma. ; — *ęår*, Le., Ch., Mo., Fr., G., A.

Le groupe *-ębl-* se présente dans *hiębl* : *ib*, P. ; — *ięp* Fo., A. ; — *yęb*, G. — Ce mot semble un mot d'emprunt, car la correspondance *-bl- > b* n'existe jamais que dans les mots pris au français.

Dans les deus mots suivants les formes s'expliquent par ce fait que ces mots sont atones :

je : *i* (devant cons.), P., La., Ch., C. ; — *j* (devant voyelle), P., La., Ch., C. ; — *j* (partout), G.

derrière (préposition et subst.) : *dęrî*, P., La. ; — *dårę*, G., R., Fo., Ch.

§ 6. — *é* TONIQUE LAT. EN DIVERS GROUPES.

Exemples. — 1. moisir : *mẽzĭ*, P., Ma., T.

pays : *păyĭ*, P., Le., Ch.; — *păyĭ*, Fr.; — *pẽyĭ*, G., Fo., T.; — *pẽyĭ*, R.

grand merci : *grămăsĭ*, P.

2. — sécheresse : *sõerẽs*, P.; — *eocrẽs*, A.; — *ewẽerẽs*, T.

vieillesse : *vẽyẽs*, P.; — gourmandise : *gõrmădĭz̃*, P.; — *sŏtĭz̃*, P., etc.

3. — cep, sec : *săw*, P., A., La., Fo.; — *săw*, Le., Ch., ChV., Mo., Ma., Fr., G.; — *sŏ*, R., T.

-et (p. ex. bonnet) : -*ăw* (*bŏnaw*); -*ăw* (*bŏnăw*); — *ŏ* (*bŏnŏ*); cette désinence est extrêmement fréquente et elle correspont également à la désinence -*ot* du français. — Au féminin elle a naturellement -*t* en patois :

belette : *blawt*, P.; — *blăwt*, Le., Ch., ChV., Mo., Fr., G.; — *bŏlăwt*, Ma.; — *blŏt*, R., T. brouette : *brăwăwt*, P.; *bărvăwt*, La.; *bŭrwăwt*, Mo. — Bien des mots ont la désinence -*et*, qui paraît empruntée.

4. — faire le premier sillon : *ărŏyĭ*, P., C., A., La.

5. — vesce : *văws*, P., A., La., Fo. — *văws*, Le., Ch., ChV., Mo., Ma., Fr., G. — *trŏs*, R. T.

tresse : *trăws*, P., La., Fo., C.; — *trăws*, Le., Ch., ChV., Mo., Ma., La., Fr., G., A. — *vŏs*, R., T.

7. — orteil : *ĕtŏy*, P., Fr., A., G. — *atŏy*, Mo.; — *ătŏy*. Le.; — *ĕtŏy*, Ma.; — *ĕtway*, R.; — *ĕtwĕy*, T.

soleil : *srŏy*, P.; — *srŏy*, Fr., A., Ma.; — *sĕrwĕy*, T.

pareil : *pĕrŏy*, P., Fr., A.; — *pĕrŏy*, Ma.; — *părway*, R.

il lie (ligulat ?) : *lŏy*, P., La., C., A., G.; — *lŏy*, Ma.; — *lway*, R.; — *lwĕy*, T.

oreille : *ŏrŏy*, P., Fr., A., Fo., G.; — *erŏy*, Ma.; — *erwăy*, R.; — *ĕrwĕy*, T.

№	Lat. vulg	T	R	Fo	C	La	A	P	Ma	G	Fr	Mo	ChV	Ch	Le
1	palat. + é	i	i	i	i	i	i	i	i	i	i	i	i	i	i
2	ēta	i	i	i	i	i	i	i	i	i	i	i	i	i	i
3	é + double cons. qui tombe	íz es	íz es	íz es	íz es	íz es	íz es	íz es	íz es	íz es	íz es	íz es	íz ǫ	íz es	íz es
4	rēga (sillon)	ŏ	ǫ	au	au	au	au	au	ǎǔ	ǎǔ	ǎǔ	ǎǔ	ǎǔ	ǎǔ	ǎǔ
5	écia	rŏ	rŏ	—	zau	—	zau	rŏ	rǎǔ	—	—	rǎǔ	—	rǎǔ	rǎǔ
6	méscula (mèle)	ŏs	ǫs	aus	aus	aus	ǎǔs aus	aus	ǎǔs	ǎǔs	ǎǔs	ǎǔs	ǎǔs	aus	ǎǔs
7	écl / égl	—	mièl	—	—	—	—	mol	maul	mǒǔl	—	—	—	maul	—
8	sécca (sèche)	uèy	zzay	ǫy	ǫy	ǫy	ǫy ǒy	ǫy	ǒy	ǒy	ǒy	—	—	—	ǒy
9	ā + palat + cons.	euĕ	suĕĕ	eǒĕ	sǒĕ	sǒĕ	eǒĕ	sǒĕ	sǒĕ	eǒĕ	sǒĕ	sǒĕ	sǒĕ	—	eǒs
		uĕ	zza	(B) ó (H) zza	ǫ	ǫ	ǫ	ǫ	ǫ	ǫ	ǫ	ǫ	ǫ	ǫ	ǫ

		ô	ô	ô	ô	ô	ê	ô	ô	ô	ô	ô	ô	ô
10	...+ pal.	ö	wa											
11	è (+ r, l, i patois).	wè	wa	(B.) òl, òr H. wa	òr wal	òr, wa òj	òr	òr ôl òj	òr	òr, öj òl	ôl òr öj	òr öj wal	—	öj wal, war	ôr, öj wal
12	ell + s	æ̈	æ̈	æ̈	æ̈	æ̈	æ̈	æ̈	æ̈	æ̈	æ̈	æ̈	æ̈	æ̈	æ̈
13	èna / èma	ôn(m)	ôn(m)	ôn(m)	ôn	ôn(m)	ôn(m)	ôn(m)	ôn(m)	ôn(m)	ôn(m)	ôn(m)	ôn(m)	ôn(m)	ôn(m)
14	è + pal + nas.	wèn	ôn	ôn	ôn	ôn	ônô	ôn	ôn	ôn	ôn	ôn	ôn	ôn	ôn
15	è + nas. + pal.	ẽ	ẽ	ẽ	ẽ	ẽ	ẽ	ẽ	ẽ	ẽ	ẽ	—	—	ẽ	ẽ
16	èsm	ẽm	ẽm	ẽm	ẽm	—	ẽm	ẽn	—	ẽm	—	—	—	—	—
17	cèrclu	sèḱy	sæḱy	sæḱy	sôḱy	sôḱy	sæ̈ḱy	sæ̈ḱy	sæ̈ḱy	sæ̈ḱy	sæ̈ḱy	sæ̈ḱy	sæ̈ḱy	sæ̈ḱy	sæ̈ḱy
18	vèrge	war	war	—	—	öir	—	war	war	war	—	war	war	war	—
19	cètenu	sôn	sôn	sôn	sôn	sôn	sôn	sôn	sôn	sôn	sôn	sôn	sôn	sôn	sôn

treille : *tròy*, P., Fo.; — *trwěy*, T.; — *trăy*, G.; — *tròy*,
A. — il s'endort : *s ăemòy*, P.; — *s ăeómòy*, A.; *ăemwěy*,
T. — seille : *sòy*, P., Fo.; *swěy*, T. — il plie : *pyòy*, P.; —
pyěy, T.

corbeau : *kònòy*, P., Fo.

8. — crèche (krippia) : *kròc*, P., Ch.

9. — noir : *nŏ*, P., Fo., Le., Ch., Mo.; — froid : *frŏ*,
P.; — *frwě*, T.

droit : *drŏ*, P., Ma., Mo., Fr., G., La., A.; — *drwa*, R.,
FoH.; — *drwě*, T.

doigt : *dŏ*, P., Ma., A., La., Fr., Mo., C.; — *dwa*, R.,
FoH.; — *dwě*, T.

Au féminin des adjectifs en -ct-, le groupe consonantique prent la forme de -*ty* partout, sauf -*t* à Tincey, et la
voyelle *ó* > *ò*, mais seulement à la pause :

droite : *drŏty*, P., Mo., Ma., Le., C.; — *drwaty*, R., FoH.;
— *drwět*, T.

froide : *frŏdy*, P., G., Fr., etc. — *frwěd*, T.

10. — pêche, *pŏe*, P., R., T., Ma.

dépêche : *děpŏe*, P., T.; — *děpwae*, R.

empêche : *ăpŏe*, P., T.; — *ăpwae*, R.

medicat (= panser un cheval) : *mŏj*, P.; — *mwăj*, R.

11. — boire : *bŏr*, P.; — *bòr*, Mo., La., FoB., Ch.; —
bŏr, Le., G., Ma.; — *bwar*, FoH., Ch.

croire : *krŏr*, P., La.; — *kròr*, G., Ch.

poire : *pŏr*, P.; — *pòr*, Mo., C., G.; — *pòòr*, Fr.; —
pòr, Le., Ma.; — *pwar*, Ch.

noire : *nŏr*, P.; — *nòr*, Mo., C., FoB.; — *nòr*, Fr., G.;
— *nwar*, FoH.

foire : *fòr*, P.; *fŏr*, Mo., C., FoB., G.; *fwěr*, T.; — *fòòr*,
Fr.; *fwar*, R., FoH., Ch.; — *fŏr*, Ma.

toile : *tŏl*, P.; — *twal*, Mo., Le., R., La., Fo. H. et B.,
Ch.; — *tŏl*, G.; *twěl*, T.

seigle : *sǭl*, P.; — *swǟl*, Mo., Le., C., R., La., FoH., Ch. — *sóól*, Fr.; — *sðl*, FoB., G. — *swǟl*, T.

neige : *nǒj*, P.; — *nǒj*, Mo., G., Ch., Le., Fr.

12. — cheveus : *ęvǘ*, partout.

13. — avoine : *ĕvǒn*, P., La., etc.

peine : *pǒn*, P., La.

ferme (verbe) : *frǒm* (< frimat au lieu de firmat), P., Ma., T.; — *frǣm*, A.; il me semble : *ĕ m sān*, P., Ma.

Après palatale : plein, pleine : *pyę̄*, *pyĕn*, P.; — *pyǎ*, *pyǎn*. A., Fo., G.; — *pyę̄*, *pyĕn*, R., Ma., ChV., T.

chaîne : *ęǒn*, P., C., T.; — *ęęǒn*, Ch.

14. — Signe (verbe) : *sǒy*, P., Ma.; — *swǒn*, T. ; — très sensible à la douleur : *dǒn* (< dignus ?), P., Mo., R., Ch., Ma.

15. — éteindre : *ĕtę̆r*, P., Ma.; — *ĕtę̆r*, Le., A., R.; — *ĕtwĕdr*, T.

teindre : *tę̆r*, P., Ma.; — *tę̆r*, A., R.

franges : *frę̄j* (< frimbia), P.; — *frę̄ę*, Fr., A.; *frę̄j*, T.

vendange : *vădę̄j*, P.; — *vādój*, La.

cinq : *sę̆k*, P., Fr., La., G., C., Ch.

A Pierrecourt, Fr., etc., le rapprochement de *ĕ* dans *cinq* et de *ĕ* dans « franjes », indique que *ĕ* se produit régulièrement, s'il est suivi d'« œ muet ».

16. — quatrième : *kĕtriyĕm*, P., etc.

même : *mǎm*, P.; — *mām*, Le., Fr., Ch.; — *mĕm*, T.; — *mĕm*, R., Fo.

carème : *kĕrĕm*, P., C.; — *kerĕm*, Fr., — *keĕm*, T.; — Ch., *kĕrĕm*, A.; — *keĕm*, Fo.

baptème : *bĕtĕm*, P., C., Ma.; — *bĕtĕm*, A., — *batĕm*, R.; — *bĕtĕm*, ChV.

§ 7. — ŏ TONIQUE LAT. EN DIVERS GROUPES.

Lat. vulg.	Le.	Ch.	ChV	Mo	Fr	G	Ma.	P	A	La	C	Fo.	R.	T.
1 cŏr(e)m	kŏer	kŏer	kŏer	—	kŏer	—	kŏer	kŏer	kŏer	kŏer	—	—	kŏt	kŏt
2 ŏct + a ŏpp	aŏe(t)	aŏe(t)	aŏe(t)	aŏe(t)	aŏe(t)	aŏe(t)	aŏe(t)	aŏe(t)	aŏe(t)	aŏe(t)	aŏe(t)	aŏe(t)	ŏ (ŏt)	ŏ (ŏt)
3 ŏll, ŏl-, ŏl-	ŏœ	ŏœ	ŏœ	ŏœ	ŏœ	ŏœ	ŏœ	ŏœ	ŏœ	ŏœ	ŏœ	—	œ	ŏ
4 ŏla	ŏœl	ŏœl	ŏœl	ŏœl	ŏœl	ŏœl	ŏœl	ŏœl	ŏœl	ŏœl	ŏœl	ŏœl	ŏl	ŏl
5 plŏvia	pvŏœy		pvŏœy	pvŏœy	pvŏœy		pvŏœy	pvŏœy	pvŏœy	pvŏœy	pvŏœy		pvŏj	pyŏj
6 ŏ + pal trŏua	ŏœ trœ	ŏœ trœ	ŏœ trœ	ŏœ trœ	ŏœ trœ	ŏœ trœ	ŏœ trœ	ŏœ trœ	ŏœ trœ	ŏœ trœ	ŏœ trœ	trœ	ŏ trœ	ŏ trœ
7 ŏlua ŏclu	ŏœy	ŏœy	ŏœy	ŏœy	ŏœy	ŏœy	ŏœy	ŏœy	ŏœy	ŏœy	ŏœy	—	ŏy	ŏy
8 ŏdiu	ŏœ	ŏœ	ŏœ	ŏœ	ŏœ	ŏœ	ŏœ	ŏœ	ŏœ	ŏœ	ŏœ	—	œ	ŏ

	lemme	ă ĕ / ĕi	ă ĕ / ĕiy	—	ăŭ	ăŭ	ăŭ	ăŭ	ăŭ	ăŭ	ăŭ	ăŭ	ăŭ	ăŭ	ăŭ
10	côsŭ	—	kăĕs	—	kăŭs	kĭĕŭs	kĭĕŭs	kăŭs	kăŏŭs	kĭăŭs	—	—	kĭăŭs	kĭăŭs	kăŭs
11	cŏriu / fŏria	kă̈ / fŭir	kă̈	kă̈	kă̈	kă̈	kă̈	kă̈ / fŭir	kă̈	kăĕ	kăĕ / făr	kăĕ / fŭir	kăĕ	kăĕ	kăĕ
12	ŏrd(i)	ŏ	ŏ	ŏ	ŏ	ŏ	ŏ	ŏ	ŏ	ŏ	ŏ	ŏ	ŏ	ŏ	ŏ
13	orła / orda / łŏrtła	wŏł / wŭł —	ŏt / ŏd / fŏe	—	ŏt / ŏd / fŏs	ŏt / ŏd / ŏs	ŏt / ŏd / os	ŏt / ŏd / os	ŏt / ŏd / fŏs	—	—	—	—	ŏt / ŏd / fŏs	ŏt / ŏd / fŏs
14	ŏss / ŏst	ŏ	ŏ	ŏ	ŏ	ŏ	ŏ	ŏ	ŏ	ŏ	ŏ	ŏ	ŏ	ŏ	ŏ
15	ŏssa	ŏs	ŏs	ŏs	ŏs	ŏs	ŏs	ŏs	ŏs	ŏs	ŏs	ŏs	ŏs	ŏs	ŏs
16	sŏnnu							săn	săn						
17	orna	ăăn	ŏn	ŏn	ŏn	ŏn	ŏn	ŏn	ŏn	ŏn	ou	ŏn	ŏn	ŏn	ŏn

Exemples. — 1. —couve : kā̃ẅ, P., ailleurs des formes qui paraissent influencées par celles qui étaient atones : kẅ, Le.; kẅ, A.; kẅ, Fr., R.; — kẅ, T.

2. — trop : trẅ, P., La., C., Fo. —   ; — trẅ, Le., Ch., ChV., Mo., Ma., Fr., G. — trŏ, R., T.

crosse : krāẅ, P — noces : nã̃ẅs, P., La.; — nẅs : Ch., ChV., G.

billot : gŏyã̃ẅ, P. ou bĕyã̃ẅ, P., La.; — bĕyẅ, G., Ch.; — bĕyŏ, T.

chariot : eãryã̃ẅ, P.; — eãryŏ, T.

escargot : ĕskã̃rgã̃ẅ, P.; — ĕskã̃rgẅ, Le.; — ĕstã̃rgã̃ẅ, A.; — ĕstã̃rgŏ, T.; — ĕskargŏ, R.

orvet : ã̃vã̃ẅ, P.; — ã̃vẅ, Le., G., Ma.

ver (de fruits, etc.) : ĕkã̃ẅ, P.; — ĕkẅ, G., Ma.; — ĕkŏ, T.

étui à aiguilles : garlã̃ẅ, P.; — hotte : ã̃ẅt, P.; — ã̃ẅt, Fr.

goulot : gŭlã̃ẅ, P.; — gŭlẅ, Ch. — licol : likã̃ẅ, P.; — likẅ, Ch.

garçonnet : gã̃snã̃ẅ, P. — gã̃snẅ, Le., Ma.; — gaenẅ, G.; — gã̃enŏ, R.

cofin : kwã̃ẅ, P. (beaucoup : kwŏ); — kwẅ, Mo., ChV., Ch., Fr., Ch.

-mot : mã̃ẅ, P.; — mẅ, Ma., La.; — tique : kwã̃ẅ, P.; — kwẅ, Ch., Mo.; — lwŏ, R.

blet, blette : byã̃ẅ, byã̃ẅs, P. — coq : pŭlẅ, Ch.

crapaud : bã̃ẅ, P., Mo., La., — bẅ, G. — pot : pẅ, G.; — pã̃ẅ, P.; — pẅtẅ, Ch., Ma; — pŏtŏ, R.; — pĕtẅ, ChV.

bette : byã̃ẅt, P.; — byẅt, Ch., Ma.; — miette : myã̃ẅt, P., La.

carotte : karã̃ẅt, P.; — karẅt, Fr.; —kã̃rẅt, G.

fillette : gasã̃ẅt, P.; — gã̃eẅt, G.; — gã̃enŏt, R.

sauter à cloche-pied : *ŏ lŏ kăũsawt*, P.; — *kăsăũt*, Le.

pelote : *plăwt*, P. — rossignol : *rasĕyăũ*, G.; — *rŏsĕyaw*, P., Fo.; — *rŏsĕyŏ*, R.

oie : *ŏyawt*, P.; — *ŏyăũt*, G. — tilleul : *tĕyăũ*, Le., Mo., G., ChV.; — *tĕyaw*, P.; — *tĕyŏ*, R.; — *tĕyŏ*, T.

crotte : *krawt*, P. — montée : *grĕpĕyăw*, P.; — *grĕpĭyăũ*, ChV.

3 et 4. — cerfeuil : *sŏrfăũ*, La., P.; — *sarfăũ*, Le., Mo., Ch.; — *sĕrfă*, R.

pouce : *păũs*, P., La., Le., etc.

coup et cou : *kăũ*, P., Ch.; — *kŏ*, T. — je coupe : *kawp*, P.; — *kăũp*, C., Ch., G., A. — mou : *măũ*, P.; — *mŏ*, T.

molle : *măũl*, P.; — *mŏl*, T.

moudre : *măũr*, P.; — *mŏr*, T.

vérole : *vĕrăũl*, P.. Ma.

folle : *făũl*, P.; — *făl*, R.; — *fŏl*, T.

haricot : *fĕvyăũl*, P., Fo.

fiole : *fyăũl*, P.; — *fyŏl*, T.

rigole : *rigăũl*, P., Le., La.; — *rigŏl*, R. T.

école : *ĕkăũl*, P.

drôle : *drăũl*, P.

6. — feu : *făũ*, P., Ma., etc.; — *fă*, T., R.

jeu : *jăũ*, P., Ma., etc.

il pleut : *ŏ pyăũ*, P.; — *pyă*, T.

avec : *dĕvăũ*, P.; — *ĕvă*, T.

lat. hoc (== oui, surtout ironiquement) : *ăũ*, P., Ma.

7. — seuil : *săũy*, P., etc.; — *ăăy*, R., T.

feuille : *făũy*, P.; — *făy*, R., T.

œil : *ăũy*, P.; — *ăy*, R. T.

treuil : *trăũy*, P.; — *trăy*, T.

huile : *ăl*, P., Ma., Ch.; — *ăl*, Fr.; — *ăũl* : Fo., R., La., ChV. — Mot d'emprunt.

8. — ennui : *ānāü,* ; — *ānáʾä*, R.; — *ānä̆*, T.

muid : *mäü*, P., La., Ch.; — *maʾä*, R.; — *mä̆*, T. —
aujourd'hui : *ŏdäü*, P.; *ŏjdäü*, Ch.

9. — nuit : *näü*. P., etc.; — *nä̆*, R.; — *nä̆*, T.
cuit : *käü*, P., Ch., etc.; — *kä̆*, T., R.
cuite : *käüty*, P., etc.; — *kä̆t*, T., *kä̆ty*. R.
vide (masc.) : *väü*, P., etc.; — *vä̆*, R.; — *vä̆*, T.
vide (fém.) : *väüdy*, P., etc.; — *vä̆dy*, R.; — *vä̆d*, T.

11. — Ch. dit maintenant plutôt : *küir*.

12-13.—fort, il mort, mort : *fŏ̈*, *mŏ̈*, *mŏ̈*, P., etc. ;—*fwŏ̈*,
mwŏ̈, T.
forte, morde, morte : *fŏ̈t*, *mŏ̈d*, *mŏ̈t*, P.; — *mŏ̈t*, Ma.; —
fwŏ̈t, *mwŏ̈t*, T.
porte : *pŏ̈t*, P., La.; — *pŏ́ŏt*, G., Fr.; — *pŏ̈t*, R., Ma. —
il apporte : *ĕpŏ̈t*, C.
corde : *kŏ̈d*, P.; — *kŏ̈d*, R.; — *kwŏ̈d*, T.
lien d'osier : *rŏ̈t* (< retorta?), P., Mo., Fr., R.; — *rwŏ̈t*,
T.

A la pause l'accent moyen paraît souvent devenir grave.

14-15. — os : *ŏ̈*, P. et partout.
tôt : *tŏ̈*, P. et partout.
fosse : *fŏ̈s*, P., T. et partout.

16. — homme : *ŏ̈m* : partout.
rogomme : *ărŏ̈gwm*, P., La., Fr., Le., Mo., Ch.; —
rŏ̈gŏ̈m, T.

17. — corne : *kŏ̈n*, partout, sauf *kwẽn*, T.
borne : *bŏ̈n*, P., etc.

§ 8. — ó TONIQUE EN DIVERS GROUPES.

Exemples. — 1. coin : kwẽ : partout.
coing : kwẽ : partout.
poing : pwẽ partout. — point : pwẽ ; partout.

3. — Les formes citées viennent de la métathèse : blocca ;
— boccula > bity, P. (petit morceau d'étoffe).

4. — tout : tẵ, P., Ma. ; — tœrtẵ, R. ; tō, T.
toute : tẵt, P.
dessous : dzẵ. P.
fatigué (satullus) : sẵ, P. ; — fatiguée (satulla) : sẵl,
P., La., etc.
goutte : gẵt, Mo., P., Ma. ; — gẵt, R.
motte : mẵt, P. ; — mẽt, R. ; — mŏt, T.
boule : bẵl, P., Ma. ; — bŏl, T.
ampoule : kābẵl (< aquae ampulla ?), P., Ch., Ma. ;
— kābẽl, R. ; — kābŏl, T.

5. ligneul : lẽyẽ, P.
filleul : fẽyẽ. P., Ch. ; — fẵyẽ, ChV.
filleule : fẽyẽl, P. ; — fẵyẽl, Ch. V. ; fĩyẽl, T.
gueule : gẽl, P., T. ; — gẽl, R.
cornouille : kōnẽl, P.

7. — sueur : sẵẽ, P. ; — syẽ, Le.
fleur : fyẽ, P., T. (p. ex. fyẽ d lẽyŏ) ; — fyẽ, R.
couleur : kūlẽ, P., T.
9. — tourne : tōn, tous, sauf : twẽn, T.
un tour, jour, four, cour, court (adj.) : tŭ, jŭ, fŭ, kŭ ;
P., T., Ma. — tó, jó, fó, kó ; les autres.

10. — courbe : kŏrb, partout. — Pierrec. kŏrb.
fourche : fŏr, Ma., P. ; — fŭrε, T.
boue : bŏrb, P. ; — bwŏrb, T.
11. — courte : kẵt, P. ; — kŏt, C., Mo., La., ChV.

Lat. vulg.		Le.	Ch.	ChV.	Mo.	Fr.	G.	Ma.	P.	A.	La.	C.	Fo.	R.	T.
ŏnen	1	wĕ	wĕ	wĕ	wĕ	wĕ	wĕ	wĕ	wĕ	wĕ	wĕ	wĕ	wĕ	wĕ	wĕ
cognoscĕre	2	—	knĕûtr	—	—	—	knĕûtr	knĕûtr	knĕûtr	knĕûtr	knĕûtr	knĕûtr	—	knœtr	knĕtr
buccula	3	—	byĕûk	byĕûk	—	byĕûk	byĕûk	byĕûk	byĕûk	byĕûk	byĕûk	byĕûk	—	byĕk	byĕk
ŏtt, ŏpp, ŏpt, ŏll	4	ĕû	ĕû	ĕû	ĕû	ĕû	ĕû	ĕû	ĕû	ĕû	ĕû	ĕû	—	ĕ	ô
ŏlu, ŏla	5	ĕl	ĕl	ĕl	ĕl	ĕl	ĕl	ĕl	ĕl	ĕl	ĕl	ĕl	ĕl	ĕl	ĕl
bŏra	6	ĕr	ĕr	ĕn	ĕn	—	ĕr	ĕr	ĕr	ĕr	ĕr	ĕr	—	—	—
ŏre	7	ĕ	ĕ	ĕ	ĕ	ĕ	ĕ	ĕ	ĕ	ĕ	ĕ	ĕ	ĕ	ĕ	ĕ
pavŏre	8	pĕû	pĕû	pĕû	pĕû	pĕû	pĕû	pĕû	pĕû	pĕû	pĕû	pĕû	—	—	pô

9	*orna / orna .*	ò ōn	ò ōn	ò ōn	ò ōn	ò ōn	ò ōn	u· ōn	u ōn	ò ōn	ò ōn	ò ōn	ò òu	ò ōn	u / wūn
10	*còrua / fòrca*	—	—	—	—	—	—	kòrb fòre	kòrb fòre	kòrb ...	kòrb	kòrb fòre	kòrb fòre	kòrb	kæòrb fure
11	*òrula*	òl	òl	ūl	ūl	òl	òl	ūl	ūl	òl	òl	òl	òl	òl	ūl
12	*òrd + / òrt } a*	òd	òd òt	òd	òd ōt	òd	òd ōt	òd ūt	òd ūt	òd ōt	òd	òd	òd	—	—
13	*òclu / òcla*	uy	uy	ūy	uy	uy	uy	ūy	ūy	ūy	ūy	ūy	ūy	ūy	ūy
14	*òriu / òria*	ū ur	ū ur	ū ur	ū ur	ū ur	ū ur	ū ur	ū ur	ū ur	ū ar	ū ar	ū ur	ū ær	ū ær
15	*atòre*	ū	ū	ū	ū	ū	—	ū	ū	ū	ū	ū	ū	ū	ū
16	*(èteula)*	ètūby	ètūl	—	ètūl	ètūby	—	ètūl	ètūby	ètūl	ètūl	ètūby	etūl	etul	etul
17	*aïsnere / còïltru*	kūdr	kūdr	kūdr kūd	kūdr	kūdr	kūdr kūütr	kūdr kāūtr	kūdr küütr	kūdr	küūdr küütr	kūdr	etūl	kūdr	kudr küütr
18	*cròce / vòce*	krūū vūū	krūū vūū	krūū vūū	krūū vūū	krūū vūū	krūū vūū	krūū vūū	krūū vūū	krūū vūū	krūū vūū	krūū vūū	krūū vūū	krūū vūū	krūū vūū

12. — courge (cucurbita) : *kut*, P., Ma. ; — *kŏt*, C., et partout ailleurs. — La forme *kŏrj*, P., Mo., Le., Ch., G., etc., signifie : citrouille.

sourde, *sŭd*, P., — *sŏd*, Ma. ; — *sôd*, C., G., Fr.. Mo., A., La., Le. — *sŏd*, R. — Ch. dit : *sŏdĕ* (masc.), *sŏdĕ* (fém.) ; — ChV. : *sŏdĕ*, *sŏdĕ*.

13. — grenouille : *rnŭy*. P. ; *grœnŭy*, Le., Ch., Mo. ; — *garnŭy* ChV., R., — *ărnŭy*, T.

pou : *pŭy* ; partout. — verrou : *vrŭy* ; partout.

quenouille : *karnŭy*, R. *knŭy*, T. ; *knŏy*, Ch. ; — *knŏdy*, A. ; — *klŏy*, G. ; *klŏy*, P., Mo. ; ChV.

14. — saloir : *sŏlŭ*, P. — *săwlŭ*, Ch., ChV. — *sĕlŭ*, R., G.

fossoir : *făsŭ* (*fsŭ*), P., Mo., Fo.. T., Ch.

abreuvoir : *ĕbrœvŭ*, P., Mo., Ch. — entonnoir : *ābœsŭ*, P. ; *ăbosŭ*, T.

creus où l'eau se pert : *ădŭzŭ*, P. ; — *ădăwzŭ*, ChV.

couloire : *kŭlūr*, P. ; — *kœlūr*, Le.

bassinoire : *bĕsĕyūr*, P. ; — *bĕsĭnăĕr*, R.

pierre à aiguiser : *pyĕr rĕgŭzūr*, P.

seringue : *eikŭr* P. ; — *eikăĕr*, R. ; — *eikăĕr*, T.

souricière : *rĕtūr*, P. ; — *rĕtăĕr*, T.

balançoire : *ĕbrăsūr*, P. ; — *ĕbyăsăĕr*, T.

15. — chasseur : *eĕsŭ*, P., La.

coupeur : *kŏpŭ*, P. ; — *kăpŭ*, C., ChV, Ch. ; — *kŭpŭ*, T.

fém. de chasseur : *eĕsūr*, P., La. (= femme d'un chasseur).

fém. de coupeur : *kŏpūr*, P.

18. — L'analogie des autres correspondances ferait plutôt attendre > *ŭ* (au lieu de *wŭ*). On trouve en effet ce résultat dans : *krŭj̆* : croiser ; *fŭzŭĕ* ; foisonner ; et probablement dans le lieu-dit : *prĕ d lĕ krŭ*, qui signifie sans doute : pré de la crois.

§ 9. — *i, u* TONIQUES SUBISSANT DIVERSES INFLUENCES

Exemples. — 1. — ortie : *ăti*, P., Ma., etc.; — *ŏti*, T.
oseille : *ŏẕi*, P., Ma., etc.; — *uẕi*, T.

2. — essieu : *ăsi*, P., Ma., Fo., etc.; — *èsi*, T.
outil : *ŭtyi*, P., Ma., etc.
fil : *fi̊* ; partout.

3. — cheville : *evåy*, P., Ma., etc.; — *evèy*, R. — *evèy*, T.
chenille : *enåy*, P., Ch., etc.; *enèy*, R.; — *enèy*, T.
tache de rousseur : *nătåy*, P., etc.; — *nătèy*, R., — *nătèy*,
T.

fille : *fåy*, P., etc.; — *fèy*, R.; — *fèy*, T.
bouteille : *bŭtåy*, P., etc.; — *bŭtèy*, ChV.
quille : *gåy*, P., Mo., Ma. — guenille : *gnåy*, P., La.,
Ch., etc.

4. — ami : *ĕmĭ̃*, P., etc.; — mamie : *mĕmĭ̃*, P., A., G.
nid : *nĭ̃*, P., Ma., T , etc.; — *ni*, R.
chenil : *enĭ̃*, P., Ma., T., etc.; — *enĭ̃*, R.
ficelle (du fouet) : *mĭ̃ẕ*, P., etc.; — *mĭẕ*, T.; — mis(e) :
mi, *mĭẕ*, R.
fourmi : *frœmĭ̃*, P., etc.
Champlitte (Cantolimete) : *cănĕty*, P., C., Ma., Ch.; —
cănity, R.
dormi : *dŏrmĭ̃*; — *dŏrmi*, R.

5. — vigne : *vĕy*, P., T.; — *vèy*, Ch., G.

6. — fin (adj., et la fin) : *fĕ̃* ; partout.
vin : *vĕ̃*; partout. — chemin : *emĭ̃*; — poussin : *pŭsĕ̃*;
partout.
voisin : *vŏẕĭ̃*, P., Ch., FoB., La., etc. — raisin : *råẕĕ̃*, P.,
La., ChV., A.; — *raẕĕ̃*, ailleurs.
Le féminin de ces adj. en -*ĕ̃* a la désin. -*ĕy* :

	T.	R.	Fo.	C.	La.	A.	P.	Ma.	G.	Fr.	Mo.	ChV.	Ch.	Lc.	Lat. vulg.
1	i	i	i	i	i	i	i	i	i	i	i	i	i	i	*ica*
2	y	y	y	y	y	y	y	y	y	y	y	y	y	y	*il, icl*
3	dy	dy		dy	dy	dy	dy	dy	dy	dy	dy	dy	dy	dy	*ilia, icla*
4	y	y	y	y	y	y	y	y	y	y	y	y	y	y	*ni, mi*
5	ey						ey		ey				ey		*inya*
6	y	y	y	y	y	y	y	y	y	y	y	y	y	y	*in*
7	$\bar{e}n$ / *vel*	$\bar{e}n$ / *vel*	$\bar{e}n$ / *vel*	/ *vel*	$\bar{o}n$ / *vel*	$\bar{o}n$ / *vel*	$\bar{o}n$ / *vel*	$\bar{o}n$ / *vel*	$\bar{e}n$ / *vel*	$\bar{e}n$ / *vel*	/ *vel*	$\bar{e}n$ / *vel*	$\bar{e}n$ / *vel*	$\bar{e}n$ / *vel*	*inat / villa*

1 *palat.*	2 *unu unu una*	3 *una unya*	4 *pátidu pátida*	5 *bulyru*	6 *ustu ucha*	7 *undu unda*
ú	*áe áem*	*ēn*	*păe pět*	*bér*	*ǎ*	*nǎ nǎ*
ú	*áe áem*		*áe áel*	*bér*	*ǎ*	*nǎ nǎ*
ú	*áe áem*	*ēn*	*áe áel*	*bér*	*ǎ*	*nǎ nǎ*
ú	*áe áem*	*áeŋ*	*áe áel*	*bér*	*ǎ*	*nǎ nǎ*
ú	*áe áem*	*ēn áeŋ*	*áe áel*	*bér*	*ǎ*	*nǎ nǎ*
ú	*áe áem*	*áeŋ*	*áe áel*	*bér*	*ǎ*	*nǎ nǎ*
ú	*áe áem*	*ēn áeŋ*	*áe áel*	*bér*	*ǎ*	*nǎ nǎ*
ú	*áe áem*		*áe áel*	*bér*	*ǎ*	*nǎ nǎ*
ú	*áe áem*	*áeŋ*	*áe áel*	*bér*	*ǎ*	*nǎ nǎ*
ú	*áe áem*	*ēn*	*áe áel*	*bér*	*ǎ*	*nǎ nǎ*
ú	*áe áem*	*áeŋ*	*áe áel*	*bér*	*ǎ*	*nǎ nǎ*
ú	*áe áem*		*áe áel*	*bér*	*ǎ*	*nǎ nǎ*
ú	*áe áem*	*ēn*	*áe áel*	*bér*	*ǎ*	*nǎ nǎ*
ú	*áe áem*	*ēn áeŋ*	*áe áel*	*bér*	*ǎ*	*nǎ nǎ*

fine : *fẽy*, P., C., R., Ma. — cousin, cousine : *kũzẽ*,
kuzẽy, P., Ch.

voisine : *vòzẽy*, P., C., Ma., etc.; — *vwãzẽy*, R.

ligne : *lẽy*, P., T. Tincey : *fẽn, vwãzẽn, kuzẽn*.

7. — épine : *ẽpẽn*, P., La.; — *ẽpẽn*, Ch., Ma., Le.; *ẽpẽn*,
Fo; — *ẽpẽn*,R., T.; — *ẽpẽẽn*, G., Fr

farine : *fẽrẽn*, P., La.; — *fẽrẽn*, Ma., T.; — *fẽrẽẽn*, G.,
Fr.

cuisine : *kũzẽn*, P., La.; — *kũzẽn*, Ch.

1. — lui : *lũ*; tous. — puce : *pũs*; partout.

reluire : *rlũr*; partout

fruit : *frũ*; partout.

buire : *būr*, P., T., etc.

2. — un : *ã*; partout.

enclume : *ãtyãm*, P., T., etc.

plume : *pyãm*, P., T., etc. — rhume : *rãm*, P., La.
(fém.).

3. — une : *ẽn*, P., La., etc.

lune : *lẽn*, P., La., etc.; — *lẽn*, Le.; — *lẽn*, Fo., T., Ch.

prune : *prẽy*, P., Ch., La., etc. — De même dans mots
d'emprunt : *fortẽy*, fortune, P.; *kõmẽy* : commune, P.

un (très accentué) : *ãy*, P., Mo., La., etc.

4-6. — vilain, vilaine : *pũ pũt*; tous, sauf : *pũ, pũt*, T.

beurre : *bũr*, tous.

à l'huis! : *è lũ*, P., Le., etc.

suce : *sũs*, P., Ch., etc. — *brũl* : brûle, P., La., etc.

mûr, mûre : *mũ, mũr*, P., Mo., Le., T. — *mũ, mũr*, Ch.;
— *mũ, mũr*, R.

7. — nu, nue : *mũ, mũ*, P., La., Fo., T., Ch., etc.

personne (nec unu) : *mũ*; P., La., Fo., T., etc.

venu : *vmũ*, P., T., etc. — venue : *vmũ*, P., T., etc.

§ 10. — Voyelles atones.

Comme il n'y a aucune différence caractéristique entre les divers patois, il suffira de citer des exemples empruntés au parler de Pierrecourt.

a latin posttonique allonge la terminaison des féminins : caché, cachée : *kĕeĭ, kĕeĭ*, P.; — il conserve les consonnes finales et par là influe sur le développement des voyelles toniques précédentes.

Les observations qui suivent se rapportent seulement aux antétoniques.

Positions dans lesquelles les antétoniques ne disparaissent pas :

1) à l'initiale du mot : habit : *ĕbĭ*; attacher : *ĕtĕeĭ*; innocent (sot) : *ĕyæsā*; — ergot (de coq) : *ărpyŏ̃*; — user : *ĕ̃zĕ̆*.

2) dans les mots où *a, e, o* latins étaient placés devant un groupe donnant *z, є, j, y* en patois : nager : *nŏjĭ*; — changer : *ĕ̃jĭ*; — payer : *payĭ*.

raisin : *rĕ̃zĕ̃*; aisé : *ɑ̃zĭ*; maison : *mɑ̃zŏ̃*; — noyer : *nŏyĭ*; — moyen : *mŏyĕ̃*; doyen : *dŏyĕ̃*; — veillée : *vŏyĭ*; — sécher : *sŏeĭ*; — puiser : *pŭzĭ*; — cuiller : *kŭyĕ̆*; aiguiser : *rĕgŭzĭ*.

3) dans les mots où la voyelle latine était placée devant *r* et consonne : jardin : *jadĕ̆*; sarcloir : *săŭtyaw*; — servir : *sarvĭ*; merci : *masĭ*, dans l'expression : *grămăsĭ kœ...* : quelle chance que...

marsanne : *mɑ̃sĕ̃*; — corneille : *kŏnŏy*; — tourner : *tŏnĕ̆*; — mordu : *mŏdŭ*; fouet : *kŏrjĭ*.

4) dans les groupes : *al, el, ol, ul, il* : couteau : *kŭtĕ̆*; — saloir : *sŏlŭ*; — sauvage : *săŭwăj*; — se rouler : *z bӑ̃ŭlĕ̆*; — *mŏlɑ̃zĭ*, malaisé.

5) dans les groupes où la voyelle était suivie de nasale et de consonne : vanner : *vănĕ̆*; — pigeon : *pĕjŏ̃*; — pinson : *tyĕ̃sŏ̃*; — gagner : *gĕ̃yĕ̆*; — pommier : *pŏmá*.

6) dans les groupes où la voyelle lat. *u* > u devant la tonique ; alors cet u du patois devient semi-voyelle : muet : *myăw* ; — sueur : *süă* ; — tuer : *tyüă*.

7) dans les groupes où la chute totale de l'antétonique amènerait un groupe inusité de trois consonnes : crever : *krăvĭ*, prunier · *prŭyuĭ* ; — plumer : *pyăm̆* ; — frisson : *frăsŏ*.

8) dans les groupes où « l'*œ* muet » n'est pas nécessaire (voir la 1ʳᵉ partie), cet *œ* redevient sonore après une consonne : trou : *ptŭ, părtŭ* ; — panier : *pnă, pănă* ; — lever : *lvĕ, lăvĕ* ; — buvons : *bvŏ, hăvŏ* ; — déjà : *djă, dăjă* ; — limace : *lmŏs, lămŏs* ; — noisette : *nžăy, năžăy* ; — jument : *jmă, jămă*. Dans ce cas, l'*œ* n'est pas nasalisé par la nasale suivante ou précédente.

9) dans les mots composés de -*re* et de *de*- : détourne : *dĕtŏn* ; — désoler : *dĕzărlŏ* ; — déborder : *dĕbürdĕ*.

Le préfixe *re*- marque une répétition intensive : *rĕmyăwl* : miauler extrèmement fort et à plusieurs fois ; — *rĕgărlĕ* : hurler ; — *rĕkriyĕ* : crier avec force ; — *rĕtyărĭ* : donner une lumière éclatante.

Dans d'autres composés où le préfixe n'a pas de voyelle propre, ce sens intensif n'existe pas : *rgĕrĭ* : guérir ; — *rĕgüžĭ* : aiguiser ; — *vĕ t ă lœ rkrĭ* : va le chercher.

Même remarque a été faite par Rabiet pour le patois de Bourberain.

§ 11. — Consonnes simples.

Il n'y a pas de différence caractéristique entre les patois sur ce point.

Toute consonne simple qui suivait la tonique latine et n'a pas été soutenue par un « *a* muet », a disparu après n'importe quelle voyelle et à la fin d'un mot racine comme à la fin d'un suffixe :

vide : *vâü* (masc.), *vâüdy* (fém.) ; — guérir : *rgèrî* ; — avoir : *èvŏ* ; — clair : *lyè* ; — dur : *dŭ* ; — mûr : *mŭ* ; — cher : *eÿ* ; — cuir : *kŭ* ; — peur : *pâü* ; — fleur : *fyŭ* ; — faucheur : *fâüeû* ; — fossoir : *fsŭ* ; — pour : *pŭ* (même devant voyelle) ; — sur (prép.) : *sŭ* ; — la cour, il court, court (adj.) : *kŭ* ; — avril : *èvrî* ; — quel : *kè* ; — tel : *tè* ; — Noël : *Nwè* ; — mal : *maw* ; — sel : *săw* ; — tard : *tâ* ; — renard : *rnâ* ; — hazard : *ăzî* ; — fort : *fŏ* ; — mort : *mŏ*.

Au *w* germanique et quelquefois au *gu* latin correspond *v* dans les mots suivants : guêpe : *vépr* ; — regain : *rvè* ; — se rebiffer (se reguerpir) : *s rvărpi*.

De même, angue + ottu : *ăvăw*.

Une nasale antérieure nasalise la voyelle suivante (rarement à R., T.) : panser : *mõjĭ* (medicare) ; — fourmi : *främĕ̃* ; — mouche : *mõe* ; — nœud : *nõ* ; — *nĕs* (= nice, flasque).

Jamais si *r* suivait cette voyelle : mordu : *modŭ* ; — merdeus : *madŭ* ; — mõu . *mĕ̃*.   D'où il suit que la chute de l'*r* a eu lieu plus tard. *mãsõn* (marsanne) n'est pas une exception : si le mot patois avait eu *r* après la voyelle, cette consonne serait restée devant *s*.

j pour *ʒ* : maison : *mãjõ*, R. ; — vaisselle : *ãjmã*, R. ; — oiseau : *ujĕ̃*, T. G. ; *wãjĕ̃*, R.

y pour *l* mouillée : treille : *trõy*, A. ; — quenouille : *klõy*, P., Ma.

l pour *r* : mûre (fruit), *mūl* ; — cerise : *slãʒ*.

ʒ pour *r* : chandeleur : *eãdlăʒ*.

n pour *l* : *nãlăy* (= lentille, tache de rousseur) ; — alentour : *ãnãlŭ*.

r pour *l* : soleil : *srõy*. — *y* pour *ly* : lièvre : *yévr*, T., R.

r se déplace par exemple dans : bretelle : *bărtĕl* ; brebis : *bărbi* ; freguiller : *fărgeyĭ* ; grenier : *gărnã* ; tréper : *tarpi* ; tretout : *tărtăŭ* ; pétrir : *părtĭ* ; bercer : *brĕsĭ* ; fromage : *frõmăj* ; fermer : *frõmĕ̃* ; fourmi : *frãmĕ̃* ; turquis (mais) : *trăkĕ̃* ; pauvre : *prãŭŭ* ; — propre : *prãup* (dissimilation).

e et *s* alternent dans : *eãji* ou *sãji* : changer ; *eõjĭ* ou *sõjĭ* : songer. — sèche : *sõe*, P. ; *eõe*, A. — *e* et *j* dans franges : *frĕ̃e*, A., *frĕ̃j*, P.

ly pour *p* : *lyĕ̃sõ*, P., etc. ; tous ont *ly-* à l'initiale de ce mot.

§ 12. — GROUPES DE CONSONNES.

Les faits signalés se retrouvent dans tous les patois étudiés, sauf dans les cas dont il sera fait mention spéciale.

Les exemples sont empruntés au patois de Pierrecourt, sauf exception qui sera signalée.

1. Palatalisation des *k, g, d, t, n, l* patois :

a) devant *i, u* + voyelle : inquiet : *ĕtyĕ*; écuelle : *ĕtyœ̈l*; qui est-ce qui...? *ty ă̈ k...?* — Suivons-le : *săⁱdyŏ lñ̆*, A.; — tuer : *tyœ̈*; situer : *sĭtyœ̈*; — crédit : *krăⁱdyĭ*; *măⁱdyĭ* : midi ; *ĕbĭtyœ̈* : habituer.

b) après *i, u* : vérité : *vⁱⁱtyĕ*; mériter : *mrĭtyĕ*; vite : *vĭly*; putois : *pĭⁱtyăⁱ*; vitement : *vⁱtymăⁱ*; quitter : *kĭⁱtyĕ*; outil : *ūⁱtyĭ*; pitié : *pĭⁱdyŏ̆*; lundi : *lăⁱdyĭ* (cf. *măⁱdi*, mardi); *mĭⁱtyĕn* : mitaine; *bŭⁱtyĕⁱ* : butin; *dĭspūⁱtyⁱ* : disputer; *frⁱⁱtyūⁱr* : friture.

c) dans les mots où en latin ils étaient dans le voisinage d'une palatale : lutte : *lŭⁱty*; bénite : *bnĕⁱty*; froide : *frŏⁱdy*; Champlitte : *căⁱnĕⁱty*; droite : *drŏⁱty*; étroite : *ĕtrŏⁱty*; vide (f) : *vdă̈ⁱdy*. De même à Roche : *căⁱnⁱty*, *vⁱⁱdy*; mais Tincey : *vⁱⁱd*; cuite : *kⁱⁱt*; froide : *frŭⁱd*; droite : *drŭⁱt* (Roche : *drⁱⁱaⁱty*).

d) Exemples de palatalisation de *n* : *dⁱmⁱⁱⁱyœ̈*; *ĕtăⁱⁱyœ̈* éternuer; *kŏⁱⁱⁱyœ̈* : continuer; *ă̈ⁱⁱ* : un; *kŏmă̈ⁱⁱ* : commune; *răⁱkă̈ⁱⁱ* : rancune; *fŏⁱⁱtă̈ⁱⁱ* : fortune; *kⁱⁱⁱzŏ̈ⁱⁱ* : cousine; *mă̈ⁱrŏ̈ⁱⁱ* : marraine; *ūⁱzŏ̈ⁱⁱ* : usine; *ūⁱsă̈ⁱⁱ* : houssine.

e) *ly* > *y* dans : *săⁱyĕ* : soulier; — *ĕskă̈ⁱyĕ* : escalier; — *pⁱⁱyĕ* : pilier; — *mŏⁱbⁱⁱyĕ* : mobilier; — *mⁱⁱyŏ* : million; — *mⁱⁱyăⁱr* : milliard; P., La., Ch., etc.

2. Groupes latins avec *l* :

tl-, cl- > *ty* : clou : *tyăⁱⁱ*; râcle : *răⁱty*; oncle : *ŏ̃ⁱty*. — Cette correspondance existe partout à l'initiale et à l'intérieur après consonne. Les seules exceptions appartiennent aus mots : *ĕvdă̈ⁱⁱdy* : aveugle; *dyăⁱⁱⁱd* : Claude; *dyaⁱⁱⁱdŏ̈ⁱⁱ* : Claudine; *ĕⁱdyăⁱ* : églantier. — A l'intérieur après voyelle, comme en français : seille : *săⁱy*; sécale : *săⁱl*.

dl-, gl- > *dy* à l'initiale et après consonne : glace : *dyĕs*; gland : *dyăⁱ*; sanglier : *săⁱdyĕ*; étrangler : *ĕtrăⁱdyĕ*; ongle : *ŏ̃ⁱdy*.

dy s'est substitué à *y* dans le mot quenouille (*klŏy*, G., *klŏn*, Ma., etc.), qu'Argillières prononce : *knŏdy*.

A Roche et à Tincey *dy* et *ty* semblent plus près de *gy*, *ky* qu'ailleurs.

pl, bl, fl > *py, by, fy* : pluie : *pyãẽj* ; bleu : *byẽ* ; chaume : *ẽtãby* ; fleur : *fyẽ* ; enfler : *ãfyẽ*. — Sur *-ápula*, *-ábula*, voir le tableau de la voyelle lat. *a*.

Devant *i, u* du patois *py, by* > *p, b* : remplir : *rãpi* ; troubler : *trubi* ; cf. *pyẽ* : plein ; trouble : *trŭby* ; — plus : *pŭ*.

Dans les mots empruntés ou bien la labiale ou bien *l* tombe : diable : *dyál* ; table : *tãb* ; possible : *posib* ; exemple : *ẽgzãp* ; — quelquefois : *tãby*, *ẽgzãpy*. — éteule : *ẽtŭby*, P., etc. ; *ẽtãl*, C., etc. — hièble : *ib*, P. ; — *yẽp*, A. — Le groupe français *-gl-* > *g* dans : épingle : *ẽpẽg*, P.

3. Groupes latins terminés en *r* :

-l r- > *r* : moudre : *mãẽr*.

rd r-, -s r- > *dr* : coudre : *kŭdr* ; sidre : *sidr* ; tordre : *tŏdr* < torquere.

-ssr-, -scr- > *tr* : être : *ẽtr* ; connaître : *knãẽtr*.

4. Groupes latins commençant en *r*.

A l'intérieur *r* tombe devant les consonnes dentales *t, d, dy, ty, l, n, br, dr, tr, dl, kl* ; mais reste devant les autres, devant *f, v, b, p, m, s, c, j, g, k* :

regarde : *rgad* ; pardieu : *pãdẽ* ; porte : *pŏt* ; sortir : *sŏti* ; dartre : *dẽtr* ; parler : *palẽ* ; merle : *myẽl* ; Charles : *cãl* ; ourler : *ulẽ* ; cendrier : *fŏnẽ* ; corne : *kŏn* ; borgne : *bãn* ; jour : *jŭ* ; cernée : *sŏnẽ* (lune cernée) ; — cercle : *sãẽty* ; sarcloir : *sãtyãẽ* ; arbre : *ãbr* ; perdre : *pẽdr* ; mordre : *mŏdi* ; cordeler : *kŏdlẽ* ; quarteron · *kãtrŏ* ; lézard : *lŏzãd*. — Mais : herbe : *ẽrb* ; serpent : *sarpã* ; course : *kurs* ; bourse : *burs* ; Vars (village près de Pierrecourt), *vãrs* ; chercher : *carcẽ* ; fléau : *marcẽ* ;

cahot : *sărgaċċ* ; larmier : *lărmá* ; cerfeuil : *sŏrfáċċ* ; cervelle : *sărvĕl*.

5. Groupes latins avec *j* :

Tous aboutissent aus mêmes résultats qu'en français : paresse : *pĕrĕs* ; gourmandise : *gŏrmădíẓ* ; brosser : *brusí* ; poison : *păẓŏ̄* ; cage : *kăj* ; sage : *săj* ; coiffe : *kwĭf* ; menace : *mnĕs* ; bas : *eăċċs* ; foisonner : *făẓnĕ* ; moisson : *mŏsŏ* ; mouiller : *mnyĭ* ; juin : *jă̆* ; oignon : *ŏŭŏ* : vendange : *vădĕj*.

Exceptions : reprocher : *rprăċċjĭ* ; — à la finale des mots en *-riu*, l'*r* disparaît : cuir : *kă̆* ; je meurs : *i mă̆*.

6. Les autres groupes latins :

Mêmes correspondances qu'en français, sauf dans les cas suivants : *-dicare* > *-jĭ* même dans : *rvĕjĭ*, revancher ; *mŏ̄j* (medicare), panser.

Pas de consonnes intercalée entre *n* et *r*, *m* et *l*, *n* et *l* : prendre : *prăr* ; gendre : *jăr* ; vendredi : *vărdĭ* ; — ensemble : *ăsăn* ; ressembler : *rsănĕ* ; branler : *brănĕ* ; chanlatte : *eănĕt* ; Champlitte (Cantolimete) : *eănĕty*. Mais Roche dit : il me semble : *săby* ; ensemble : *ăsăby* ; — teindre : *tĕr* ; éteindre : *ĕtĕr*. — Tincey a : *ĕtwĕdr*.

-m n- > *n* : femme : *făn* ; sommeil : *săn* ; entamer : *ătănĕ*.

Comme en français, le groupe latin sonore (posttonique) + sourde devient sourd ; mais cette règle vaut même pour : coude : *kăŏtr*, P., La., etc. ; — courge : *kut*, P., etc.

Le groupe latin posttonique *-lc-* > *ws*, même dans *salicem* > *saws* ; cf. *păċċs* : pouce ; *pŭs* : puce.

§ 13. — TRAITS GÉNÉRAUX DE LA DISTRIBUTION GÉOGRAPHIQUE DES SONS PATOIS.

I. Distribution géographique des sons qui correspondent à un même son latin. A chaqne son latin, dans toute une

série de mots, correspont, dans cette série et dans certaines
conditions ci-dessus indiquées, ou bien :

a) le même son dans tous les patois, dans ce cas à l'intérieur d'une zone sans différences essentielles, se déve-
loppent parfois certaines variétés de la prononciation pré-
dominante. Ainsi, à l'intérieur d'une zone où le tableau de
l'*a* tonique latin donne un *a* comme correspondance régulière, se trouve *ä* à P., La., A., et quelquefois ChV., et cet
ä est complètement cerné par le domaine de l'*a*. Même en
dehors de ce fait, les sons en apparence semblables diffèrent
un peu en durée ou en qualité.

b) ou bien des sons différents. Ceus-ci sont toujours
reliés entre eus par des transitions, parfois minutieusement
ménagées ; par exemple les séries : *äǖ*, *aǖ*, *oǖ*, *ŏ*, *ó* ; —
aǖ, *äǖ*, *äǖ* avec un *ǖ* encore plus long, *ŏ*, *ó* ; *ae*, *äe*, *ée*.
Il n'y a nulle part transition brusque d'un son à un autre,
et les transitions ne sont jamais en contradiction avec la
carte ; les nuances se tiennent et se lient comme leurs ter-
ritoires respectifs. Les correspondances les plus variées se
trouvent dans les séries de mots où une voyelle latine non
nasalisée subit l'influence d'une palatale ou d'une vélaire.

C'est surtout en ce cas que paraissent les diphtongues et
les triphtongues. Les groupes *aǖ* *äǖ* se rapprochent de l'*o*
et de l'*a* déjà à Pierrecourt et à Larret, et les atteignent à
Roche ou à Tincey ; par exemple groupe latin *ēcia* > *äǖs*,
aǖs, *oǖs*, *ŏs*.

Les groupes en -*y* restent partout, mais leur voyelle se
palatalise de plus en plus jusqu'à Tincey ; lat. *ēcl* > *äy*, *éy*,
éy.

Au contraire c'est seulement à R. ou à T. que certaines
triphtongues, dont le premier élément est *u*, apparaissent ;
par exemple : *uay*, *uéy* au lieu de *oy*.

L'influence des vélaires se montre mieus de Leffond à

Larret, parce que ces patois ont conservé les diphtongues
à finale vélaire, mais la palatalisation des voyelles augmente,
comme celle des diphtongues, continuellement depuis
Champlitte jusqu'à Tincey.

Par suite la différence la plus caractéristique dans le vocalisme de ces parlers, c'est que Roche et Tincey répondent
très souvent par *ó* ou *é* aus *aw*, *äü*, *ä* des autres patois.

II. — GROUPES FORMÉS PAR LES PATOIS.

1. Traits communs à tous les patois :

a) tout le système des consonnes, sauf quelque faits de
palatalisation.

b) les sons qui correspondent aus voyelles latines, en
position libre (sauf pour *é*), ou entravée.

c) les sons qui correspondent aus groupes latins suivants :

ar (*acr*) + cons. > *a* ;

ass, *as* + cons. > *ā* ;

an (*am*) + *e* (*u*) > *ẽ* ;

an + cons. non palatale > *ã* ; *èn*, *én* > *ã*, dans la même
position.

anc + *u* (*a*) > *ẽ*, *ẽɛ* ;

acu, *achiu*, *acia* > *é* ;

acula, *agula* > *āy* ;

asiu, *acsinu* > *ā* ;

èr + cons. non palatale > *a* ou *é* ;

èdr, *ètr* > *yé* ;

palatale + *é* > *i* ;

étia > *íz* ou *ĕs* ;

és + palatale > *ó* ;

éll + *s* > *ĕ* ;

éna, *éma* > *õn*, *õm* ;

é + palatale + nasale > ŏy, sauf wĕy à Tincey ;

é + nasale + palatale > ĕ̃, sauf ĕ̃ à Tincey ;

tròia > trœ̆ ;

còriu > kœ̆ ;

òrd, òrt > ó ;

oss, òst > ó ,

òssa > ŏ̃s ;

òrna > ŏn, sauf à Tincey : wĕ̃n ; de même : órna, ōn ; Tincey : wĕ̃n.

òneu > wĕ̃ ;

ólu > œ̆ ; — corva (courbe) > kòrb, sauf Tincey : kwòrb.

òre > œ̆ ;

óclu òcla > ŭ̂y ;

óriu > ŭ ;

atóre > ŭ ;

cósuere > kŭidr ;

ica > i ;

il, icl > ĭ ;

inc, inn > ẽ ;

ina > ẽn, sauf P., A., La. ;

n + palatale > ŭ ;

unu, umu > œ̆ ; uma > œ̆m ;

unia > œ̆y ;

putidu > pœ̆ ;

butyru > bœ̆r ;

ustiu, uctia > œ̆ ;

nudu, nuda > nœ̆, nœ̆̃.

palatalisation des consonnes patoises *k, g, d, l,* quand elles correspondent à des groupes latins renfermant une palatale. Tincey est ici encore l'unique exception.

2. Traits communs aus patois Le., Ch., ChV., Mo., Ma., Fr., P., G., A., La., C., Fo. : é libre > ó ; > wa, à FoH. ;

avia, abia > *ãj* (sauf Gilley et Fouv.);

acsa, assia > *as*;

aqua, ale, aln, al + cons., *abl, apl* > *ãw*;

avu, aucn > *ãü*;

ala > *ãwl* (sauf Fo.);

ẻ + palatale > *ã*;

ẻ + *cl* > *ãy* (sauf Fo.);

ẻliu > *ãü*;

ẻcca > *õe* (*õs*);

ẻ + palatale + cons. > *õ* :

cõbitu > *kãü* + ...;

õll, õlr, õlc > *ãü*;

õla > *ãül*;

õvia > *ãüj*;

õct, õdin, õ + palatale > *ãü*;

õlin, õclu > *ãüy*;

coxa > *kãüs*;

cognóscere > *knãütr*;

boucle : *byãük*;

õtt, õpp > *ãü*;

õla > *ãl*;

pavóre > *pãǖ*;

ória > *ãr*;

ilia icla > *ãy*;

ni, mi > *nẽ, mẽ*;

putida > *pẽt*.

3. Traits communs seulement aus patois de Le., Ch., G., Fr., Fo., R., T. :

ina, una > *ẽn*;

aticu > *ẻj* (sauf peut-être ChV.).

Les mêmes patois (sans Fr.), et de plus ChV., Mo., Ma. :

c (*g*, *i*) + *a* > *ê*;

gna > *ũẽ*.

4. — Traits communs seulement aus patois de Le., Ch., ChV., Mo., Fr., Ma., P., La., C. :

agra, *acra* > *ã*;

actu, *agde* > *a* (*ã*, P., La., A.);

aga, *age* > *ã*, *a* (*å*, *ä*, P., La., A.);

êr:l > *ãly* (sauf Fr.) ou *ãuly*.

5. Traits communs seulement aus patois de Le., ChV., Mo., Fr., Ma., G.

aria > *ãr*;

ariu > *ã*; et aussi à P., La., A., C.

6. — Traits communs aus patois de Le., Ch., ChV., Mo., Ma., Fr. :

êlle, *êllu* > *ê* (quelquefois : *ãũ*);

ê + double cons. > *ãũ*.

Les mêmes, et de plus G. :

êcia > *ãũs*;

êcl > *õy*.

Les mêmes, sauf Fr. et G. :

acca > *ac*.

Les mêmes, sans Fr., G. et Ma. :

ên (*m*) > + voy. > *ê*.

7. — Traits propres aus patois de P., G., A., La., C., Fr., Fo. :

c (*g*, *i*) + *a* > *i*;

gna > *yĩ*.

Les mêmes, et Mo., Ma. :

iacu > *ã*;

P., G., A., La., C. : *êllu*, *êlle* > *ê*.

8. — Traits propres aus patois de P., A., La., C. :

acca > *ắc* ;

ana, ama > *ǎn, ǎm* ; — *una,* > *ǎn.*

Les mêmes et Fo. : *ĕ* + double cons. : *aw* ;

écia : *aws* ;

ĕl > *oy.*

— Les mêmes (sans Fo.) et Mo. : *alicu* > *ắj* ;

— Les mêmes : P., A., La., C. et Ch., Fo., R. :

aria > *ḕr* ;

— P., A., La., ChV. : *agula, acula* > *ẵy* ;

asiu, acsinu > *ẵ* ;

— P., La., A. : *actu, agde* > *ẵ* ;

aga, age > *ẵ, ẵ (a)* ;

ar (acr) + cons. > *ẵ (a)* ;

croix, voix : *krwẵ, vwẵ* ;

— P., Ma., Mo., ChV., T. : *órula* > *ul* ;

— P., Ma., T. : *-órnn* > *u.*

9. — Traits communs aus patois de R. et de T. :

iacu > *é* ;

avia, abia > *ḕj* ;

acsa, assia > *ḕs* ;

ĕ + palatale > *é* ;

ĕ + double cons. > *ó* ;

écia > *ós* ;

òcl > *ắ* ;

òla > *ốl* ;

plòvia > *pyắj* ;

ò + palatale > *ắ* ;

oliu, oclu > *ắy* ;

òla > *ắl* ;

òria > *ắr* ;

ariu > *é* (et Fo.) ;

ml > *mbl* > *b̦y* avec nasalisation de la voyelle précédente.

Dans les groupes suivants R. a une prononciation très rapprochée de celle de T., mais encore intermédiaire entre celle-ci et celle des autres villages :

é libre > *wá*, R. et FoH.; *wé̦*, T.

aria > *ér*, R.; Fo.; *ér*, T.;

éel > *éy*, R.; *éy*, T.;

éliu > *a'w̦*, R.; *á̦*, T. ;

éel > *way*, R.; *wé̦y*, T. ;

sécca > *ewae*, R.; *ewé̦e*, T.;

é + palatale > *wa*, R., FoH.; *wé̦*, T.;

còbitu > *kä̆t*, R.; *kut*, T.;

òtta > *òt*, R.; *ô̦t*, T.;

òl, olr, olc > *á̦*, R.; *ó*, T.;

òdiu > *a'w̦*, R.; *a̦*, T.;

cognoscere > *knawtr*, R.; *knä̆tr*, T.;

boucle > *byä̆k*, R.; *bynk*, T.;

òll, òpp, òll > *á̦*, R.; *ó*, T.;

ilia, icla > *ê̦y*, R.; *éy*, T.;

ur > *r* (avec nasalis. de voy. précéd.), R.; *dr* (avec nasal. de voy. précéd.), T.

Les mêmes et de plus Fo., A., G. :

agra, acra > *ê̦r* ;

actu, agde > *é* ;

aga, age > *ê̦, é* ;

acca > *ê̦e*.

Les mêmes et Ma., P., La., C. :

én, ém + voy. > *ê̦*.

CONCLUSION

Comme faits isolés dans les patois étudiés, il ne reste plus que *ė* (< iacu) à Champlitte, et à Tincey *ėr* (< aria) et les sons signalés dans l'énumération des traits communs à tous les patois : *wėɥ*, *ė̃*, *wė̃n*, etc. Ces prononciations ne paraissent particulières à Ch. ou à T., que par suite de l'insuffisance de nos tableaus. En réalité, ils marquent chacun le commencement d'une série qui se prolonge en dehors du cadre de cette étude.

Il est donc impossible d'assigner à l'un quelconque de nos patois un son qui lui soit absolument propre dans une série de mots. Ce qui caractérise à cet égard chaque patois, c'est l'ensemble des sons qui se présentent dans les diverses séries de mots. Chaque patois a son système de prononciation dont les éléments se retrouvent à peu près identiques dans les parlers voisins, mais assemblés avec d'autres éléments.

Il y a très peu de correspondances qui relient Champlitte à Roche et à Tincey en passant par Frettes, Gilley et Fouvent, de manière à faire comme le tour des villages du centre. Si l'on néglige ces quelques particularités, et certaines correspondances enchevêtrées, on peut classer en gros nos patois comme il suit :

Roche et Tincey et en partie Fouvent-le-Haut et Fouvent-le-Bas sont nettement distingués des autres villages par leur vocalisme dont les diphtongues répondent souvent à des voyelles simples de La., P., etc., et vice-versa.

Les différences entre les parlers qui restent sont moins essentielles ; cependant on peut encore admettre que Champlitte forme un 2ᵉ groupe avec Le., Mo., Ma., ChV., Fr.

et G., et que le 3ᵉ groupe est formé de P., C., La., et
Argillières. La distinction pourrait se fonder sur les correspondances de l'*aw* du 3ᵉ groupe avec l'*äü* du 2ᵉ, de l'*ä* du
3ᵉ (sauf C.) avec l'*a* du 2ᵉ.

Mais cette classification reste très grossière et n'aboutit à
aucun résultat instructif. Les groupes ainsi distingués font
partie de groupes plus vastes; l'évolution de ceus-ci se
transmet aus groupes plus faibles, directement aus sons
identiques ou semblables, et par ceus-ci aus articulations
différentes; car tout se tient dans une langue vivante et
c'est le tout qui explique les parties dans un ensemble
vivant et non vice versa : il en est de même des éléments
d'un patois : ils participent à l'évolution des dialectes d'une
même langue. Mais où trouver cette langue dans sa réalité
vivante, sinon seulement dans l'âme individuelle?

Le système de chaque patois n'a de vie réelle que dans
l'individu pensant et parlant, or les individus sont multiples
et soumis à des influences infiniment nombreuses et variées.
Si donc le patois a une évolution, cette évolution dépend
de la vie des individus et de la société. Malheureusement
pour les patois, les conditions de la vie moderne poussent de
plus en plus à substituer le français au parler du pays; dans
tous les villages il est déjà bien rare de rencontrer des
jeunes filles sachant parler patois; quand celles-ci élèveront
des enfants, le français règnera dans toutes les familles. Ce
français restera d'ailleurs longtemps teinté de prononciation
patoise; surtout la manière d'accentuer les phrases, qui est
la partie la plus inconsciente du langage, résistera victo-
rieusement à bien des tentatives avant de céder à l'accent
parisien ou de s'accommoder avec lui.

APPENDICE

Liste de formes que l'« Atlas linguistique » attribue, par erreur, à Champlitte.

La 1ʳᵉ forme est la forme française, la 2ᵉ est celle qu'indique l'*Atlas*; la 3ᵉ est celle que mes témoins m'ont donnée sans variation; les mots non vérifiés sont passés sous silence :

abreuvoir : *ĕbră̈văr* : *ĕbră̈vŭ̈* ;

à l'abri : *ĕ kŏyă̈* : *ĕl ĕkŏyă̈ü̆* ;

aubépine : *ŏbĕpĕn* : *ĕpŏ̈n byŏ̈ε* ;

auge : *āoj* : *ăw̄j*. Partout où l'*Atlas* écrit *āo*, j'ai entendu nettement *ăw* ;

aujourd'hui : *ójdĕ̈* : *ójdă̈ü̆* ;

aumône : *ŏmŏn* : *ăw̄mŏn* ;

automne : *ŏtŏn* : *ŏtŏn* ;

avant : *ăvă̄* : *ĕvă̄* ; — vous auriez : *vw ăr⒠* : *vw ĕr⒠* ; — tu aurais : *ĭ ŏró* : *ĭy ĕrŏ̆* ; — avais : *ăvŏ̆* : *ĕvŏ̆* ;

aveugle : *ĕvă̈y* : *ĕvă̄ü̆dy* (*-dy* très réduit);

tu as : *tŭ̈ ĕ̆* : *ĭy ĕ̆* ; — il a mal, il n'y a : *é* : *ĕ̆* ;

nous avons : *j ă̄* ; *j ŏ̄* ;

n'aie pas peur : *n ă̆ pă pă̆* : *n ă̆ pă pă̄ü̆* ;

avril : *ăvrĭl* : *ĕvrĭ̆* ; — battoir : *răyă̈* : *răyă̈ü̆* ;

balai : *ĕrmĕ̆s* : *ărmĕ̆s* ; — bégayer : *bĕgĕyĕ̆* : *bĕglĕ̆* ;

belette : *blă̈t* : *blă̈ü̆t* ; bélier : *blă̄* est inconnu ;

eau bénite : *ăo bnĕtý* : *ŏbnĕty* ; — berceau : *bră̄* : *brĕ̆* ;

bercer : *bră̄sĕ̆* : *brĕ̄sĕ̆* ; — bêtes : *bĕ̆t* : *bĕ̆t* ;

berger : *bŏrjĕ̆* : *bĕrjĕ̆* ; — bluet : *byă̈vĕ̆* : *byă̈vĕ̆* (ou mieus *kŏnŏyrĭ*);

bouc : *bĕ̆k* : *bă̄ü̆* ; — bouche : *bă̄ε* : *bă̄ε* ;

bouillie : *bŭyĭ* : *bŭyĭ* ; — bourse : *bă̆rs, bă̄rs* ;

bouteille : *büľěy* : *bütǎy* ; — braconnier : *brăkŏnü* : *brăkŏŋ̌* ;
boyaus : *bwǎyờ* : *bwǎyǎw* ; — brouette : *běrwěl* : *bœ̆rwǎül* ;
mal au bras : *mŏ ờ brě* : *mǎw ờ brě* ;
brume : *brǎ̈u*, inconnu ; on dit : *brǔyǎ* ;
bruyère : *brǔyǎr* : *brǔyǎr* ; — bûcheron : *bücerŏ* : *kǎpǔ* ;
buis : *bẅī* : *bẅī* ; — buisson : *bǚsŏ* : *bǚsŏ̃* ;
se cacher : *sě kǎ̈ě̆* : *skě̆ě̆* ; — caisse : *kěs* : *kěěs* ;
cage : *kěj* : *kǎj* ; — cave : *kěv* : *kav* ;
saloir : *sělü*, *sǎwlü̈* ; — celle-ci : *stǎsǐ* : *stǎsǐ* ;
cercle : *sǎ̈ky* : *sǎ̈üty* ; — cercueil : *sǎrkǎ̈y* : *sarkǎ̈ǖy* ;
cervelle : *sǎrvờ* : *sǎrvěl* ou *servel* ou *servǎw* ;
chaise : *eǎr* : *eǎr* ; — champignon : *müsirŏ* : *mǔsrŏ* ;
changer : *ě̆jě̆*, *sě̆jě̆* ; — chanvre : *enǎ̈vr* : *enǎ̈ǖvr* ;
chasse : *ěěs*, *ěěs* ; — chasser : *ěěsě́* : *ěěsě́* ;
chatouiller : *gě̆tŏyě̆* : *gě̆tŏyě̆* ; — chaud : *eờ* ; *eǎw* ;
chaudronnier : *eờdrŏŋ̌* : *eŏdrŏ̃ŋ̌* ; — chauffer : *cǎofě́* : *eŏ̆fě̆* ;
route : *rǖl* : *rǖt* ; — chauve-souris : *eǎ̈vīsrǐ* : *eờ̆vǐerǐ* ;
cheminée : *eŏ̆mně̆* : *eǎ̈mně̆* ; — cheval : *efŏ̆* ; *evǎw* ;
cheville : *jvě̆y* : *evǎ̈y* ; chèvre-feuille : *eě̆vrěfǎ̈y* : *eě̆vrfǎ̈üy* ;
chiendent : *eyě̆dǎ* : *eyě̆dǎ* ; — chienne : *eyě̆n*, *eyěn* ;
guenille : *gně̆y* : *gnǎ̈y* ; — chose : *eǎ̈z̧* : *eǎ̈üz̧* ;
chouette : *eǖ* : *ewě̆l* ; — cimetière : *sǎ̈mtǎr* : *sǎ̈mtǎr* ;
cirer : *sǐrě̆* : *sǐrě̆* ; — Claude : *gyŏ̆d* : *dyǎ̈wd* ;
cloche : *lyŏ̆e* : *lyŏ̆e* ; — *lyoeǎ* ; *lyŏ̆eě̆* ;
clou : *lyǎ́*, *lyǎ̈ü̈* ; — clouer : *lyǎ̆lě̆*, *lyǎ̆lě̆* (*-are* > *ě̆*, non
ě̆ !) ;
coffin : *kwǎ̈ě̆* : *kwǎ̈ü̈* ; — connaître : *knǎ̈ǖtr* ;
coq : *kǎlǎ̆* : *pulǎ̈ü̈* ; — corvée : *kŏrvě̆y* ; *kŏrvě̆* (*-ata* > *ě̆ !*) ;
cou : *kǎ̆*, *kǎ̈ü̈* ; — cracher : *krŏ̆eě̆* : *krŏ̆eě̆* ;
crapaud : *krě̆pờ* : *krě̆paw* ; — crèche : *krŏ̆e* : *krŏ̆e* ;
crête ; *krŏ̆b* : *krǎ̈wp* ; — crible : *grě̆y* : *grǎ̈y* ;
crinière : *krě̆yǎr* : *krě̆yǎr* ; — croyais : *krǎ̈yŏ* : *lĭŏ̆yờ* ;
cuisine : *kuz̧ě̆n* : *kǔz̧ě̆n* ; — cuit : *kǎ̆* : *kǎ̈ü̈* ;

cuisse : *kĕs* : *kĕïüs* ; — culotte : *küyăt* : *küyăüt* ;
dé (à coudre) : *dwăyĕ* ; on dit seulement : *dăw̄*.

Les formes données par l'*Atlas* sont impossibles, tandis que celles que j'ai recueillies cadrent à merveille avec la position géographique. Je n'ai pas réussi à découvrir à quelle personne M. Edmont s'était adressé. J'avais interrogé d'abord Mme Jonquet ; c'est seulement la veille de mon départ que j'ai remarqué les différences entre mes notations et celles de l'*Atlas*. J'ai procédé immédiatement à une vérification de toutes mes notes en interrogeant M. Henriot, mon cousin, et, pour certains mots, d'autres personnes ; tous mes témoins m'ont donné les mêmes formes.

C. JURET.

MACON, PROTAT FRÈRES, IMPRIMEURS

ATLAS LINGUISTIQUE DE LA FRANCE

Publié par MM. Gillieron, prof. à l'École des Hautes-Études, et Edmont.

L'Atlas comportera environ 35 fasc. de 50 cartes chacun ; chaque carte est consacrée à un mot ou à un type morphologique. Les fasc. I-XXXIII, avec engagement à la suite (35 fasc. en tout) sont en vente au prix de **25 fr.** le fascicule. Les 33 fasc. parus.. **825** fr.

Couronné par l'Académie des Inscriptions et Belles-Lettres (**Prix Chavée**),
et par l'Académie de Berlin (**Prix de la fondation Diez**).

CARTES MUETTES DE L'ATLAS LINGUISTIQUE
Préparées pour l'étude philologique et linguistique des mots.

Petit format........... **0 fr. 15**
Grand format......... **0 fr. 30**

LES ESSAIS DE MICHEL DE MONTAIGNE

Publiés par F. Strowski

sous les auspices de la commission de publication des Archives municipales de Bordeaux.

Tome II. In-4, x-668 pages sur papier à bras........... **25 fr.**

Déjà paru : Tome I, couronné par l'Académie française. Tomes III et IV (dernier), *sous presse.*

Georges Doutrepont, professeur à l'Université de Louvain.

LA LITTÉRATURE FRANÇAISE

A LA COUR DES

DUCS DE BOURGOGNE

Philippe le Hardi — Jean sans Peur — Philippe le Bon — Charles le Téméraire.

In-8 de LXVIII-544 pages (tiré à 550 exemplaires numérotés)... **12 fr.**

Forme le tome VIII de la Bibliothèque du XV° siècle.

LES CHANSONS DE CROISADE

Publiées par Joseph Bédier, professeur au Collège de France,

AVEC LEURS MÉLODIES

Publiées par Pierre Aubry, archiviste paléographe.

In-8, XXXVI-318 pages et musique notée. *Tiré à 300 exemplaires*...... **10 fr.**

Documents linguistiques du Midi de la France

RECUEILLIS ET PUBLIÉS AVEC GLOSSAIRES ET CARTES

Par Paul Meyer, membre de l'Institut, directeur de l'École des Chartes

Ain, Basses-Alpes, Hautes-Alpes, Alpes-Maritimes

Fort volume in-8............... **25 fr.**

Le dialecte arabe des Ulad Brāhim de Saïda (dép[t] d'Oran), par W. Marçais. In-8, 210 pages (*Extr.* REVU ET AUGMENTÉ D'ADDITIONS ET DE CORRECTIONS *des t. XII° et XI° des Mémoires de la Société de Linguistique de Paris*.......... **8** fr.

Une pastorale basque. *Hélène de Constantinople,* par Albert Léon, Étude historique et critique d'après des documents inédits, avec textes et traductions. In-8 de 526 pages... **10 fr.**

H. Adjarian, élève diplômé de l'École des Hautes-Études.

CLASSIFICATION DES DIALECTES ARMÉNIENS

1909. In-8 avec une carte......... **5 fr.**

TABLE DES MATIÈRES

L'INFLUENCE DES ROMANTIQUES FRANÇAIS
SUR LA POÉSIE ROUMAINE

Par N. I. Apostoléscu, docteur ès lettres.

Avec une préface de M. Émile Faguet, de l'Académie française.

In-12, VIII-XVII*-420 pages... **5 fr.**

DU MÊME AUTEUR

L'ANCIENNE VERSIFICATION ROUMAINE
(XVIIe et XVIIIe SIÈCLES)

In-8, 91 pages............... **2 fr. 50**

PUBLICATIONS DE « L'INSTITUT D'ESTUDIS CATALANS »
DE BARCELONE

Les pintures murals catalanes. Se publica en fascicles monogràfichs gran foli, de més de 8 planes de text documental illustrat y diverses làmines en tricromia. Fasc. I....... **10 fr.**

Les Monedes catalanes. Estudi y descripció de les monedes carolingies. comtals, senyorals, reials, y local propies de Catalunya per Joacim Botet y Siso. Completa en 3 volums. Volum I.. **10 fr.**

Documens per l'historia de la cultura catalana mig-eval, publicat. per Antoni Rubio y Lluch. Volum I, contenint més de 500 documents............................ **16 fr.**

L'Arquitectura romanica a Catalunya, per J. Puig y Cadafalh, A. de Falguera y J. Goday. Vol. I més de 500 grabats y 500 planes........................... **20 fr.**

Anuari 1907, petit in-fol. cart. (nombreux articles d'archéologie, d'histoire, de philologie etc.). *Planches hors texte, fac-simile,* etc.. **30 fr.**

LA PRESQU'ILE DU SINAI

Étude de Géographie et d'Histoire, par Raymond Weill.

In-8, IX-380 pages et 9 cartes..... **15 fr.**

Arbois de Jubainville (d'), de l'Institut. — *Tàin bô Cúalnge.* **Enlèvement [du Taureau divin et]** des vaches de Cooley. La plus ancienne épopée de l'Europe occidentale. Traduction 2e *livraison.* In-8 comprenant les pages 85-190..... **3 fr. 50**

Bibliothèque Nationale, *Département des Imprimés.* **Liste des Périodiques étrangers.** *Second Supplément.* In-8, 53 pages à 2 col...................... **3 fr.**

La Chevalerie Vivien. Chanson de geste, publiée par A.-L. Terracher. I. Textes. In-8, 287 pages........ .... **10 fr.**

ImThe**Story**.com

Personalized Classic Books in many genre's

Unique gift for kids, partners, friends, colleagues

Customize:

- Character Names
- Upload your own front/back cover images (optional)
- Inscribe a personal message/dedication on the
  inside page (optional)

Customize many titles Including
- Alice in Wonderland
- Romeo and Juliet
- The Wizard of Oz
- A Christmas Carol
- Dracula
- Dr. Jekyll & Mr. Hyde
- And more...

Lightning Source UK Ltd.
Milton Keynes UK
UKHW020810120819
347826UK00015B/1557/P